人為什麼要找理由？

21 世紀社會學之父的理由學，
推動人際關係建立與修復的祕密

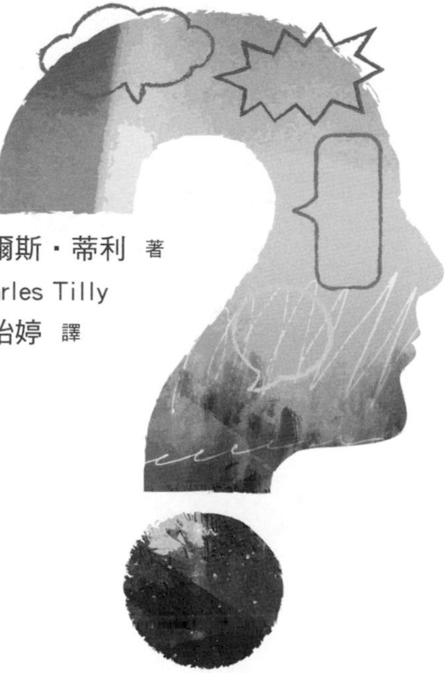

查爾斯・蒂利 著
Charles Tilly
林怡婷 譯

三民書局

獻給我尚在人世的手足以及他們的人生伴侶：
理查 (Rich)、伊莉莎白 (Elisabeth)、卡洛琳 (Carolyn)、
雷格 (Reg)、史蒂夫 (Steve) 和伊麗莎白 (Elizabeth)
——原因盡在不言中

目次

導讀
這就是為什麼

麥爾坎・葛拉威爾（Malcolm Gladwell）❶

原本和哥哥喬佛瑞玩耍的小提摩西跑去找媽媽：「媽咪、媽咪，我本來在玩卡車，然後喬佛瑞過來說換他玩了，可是那是我的卡車，然後他就推我。」

媽媽制止他說：「提摩西！不要打小報告。」

提摩西聽過這句話——「不要打小報告」——好多遍了，這總讓他無言以對。他向媽媽提供目擊犯罪事件的描述後，媽媽並沒有反駁小提摩西敘事中的真相，那她的反應是？她以簡化的社會公式來堵住提摩西的嘴：不要打小報告。這沒道理。提摩西的媽媽

❶ 編註：麥爾坎・葛拉威爾，《紐約客》（*The New Yorker*）雜誌特約撰稿人，著有《引爆趨勢》、《決斷2秒間》、《異數》等暢銷著作。

和爸爸說話時，絕對不會用這樣的公式來壓倒對方的敘事；而且媽媽和爸爸一天到晚都在互相告喬佛瑞的狀。如果提摩西向他最好的朋友布魯斯告喬佛瑞的狀，布魯斯才不會用公式來反駁他的敘事。敘事是提摩西和布魯斯友誼的基礎，敘事不只解釋結果，還說明了原因。敘事很重要，但在這個例子中並非如此，提摩西向媽媽說了一段關於喬佛瑞的敘事，但媽咪毫不在乎。「不要打小報告」到底是怎麼一回事？

在《人為什麼要找理由？》(*Why?*) 一書中，哥倫比亞大學 (Columbia University) 學者查爾斯．蒂利 (Charles Tilly) 的目標是理解人類為什麼要說明理由。承繼社會學傳奇人物厄文．高夫曼 (Erving Goffman) 的傳統，蒂利設法破解日常社會互動的結構，而成果就是這本書，籲請其讀者重新檢視自己從與孩子說話，到爭論政治議題時，是如何提供理由的。

蒂利認為，我們倚賴四種常見的理由類別。第一種他稱之為「慣例」(conventions)，也就是慣常受到認可的解釋方式。對蒂利來說，「不要打小報告」就是一種慣例。第二種是「敘事」(stories)，而敘事（「我本來在玩卡車，然後喬佛瑞過來……」）的特點是非常具體的因果描述。蒂利援引社會學家法蘭切絲卡．波萊塔 (Francesca Polletta) 訪問一九六〇年代民權靜坐活動積極參與者的研究；訪問中，波萊塔一再聽到抗爭者強調其自發性的敘事，卻遺漏了民權組織、教師及教會在其中所扮演的角色。恰如蒂利所寫，這就是敘事的功能，限定了時間與空間，只提及一定數量的行為者及行為，將所有原因歸功於「行為者的意識」，而將個人的重要性拉抬至組織之上。

第三種是身為高階慣例的「規範」(codes)，規範是一種有時涉及深奧程序規定與類別的公式。假如貸款經理拒絕你的房貸申請，經理提供的理由一定和你能否達到某項信用標準規定有關。最後一種是「技術描述」(technical accounts)，也就是由具備專業知識及權威者提供的敘事。民權靜坐活動的學術歷史絕不會遺漏組織所扮演的角色，大概也不會只專注於少數幾個行為者及行為，而是以耐心與專業關注所有細節。

蒂利指出，認識理由時，我們常犯兩個錯誤。一是以為某種理由必定優於另一種——以為理由有所謂的階級，將最粗糙直白的慣例排在末位，而技術描述則居於優位。但這是錯誤觀念，提利表示每一種理由都各自扮演重要角色。

蒂利提出的第二項常見錯誤源於第一項，那就是人們所提供的理由其實不代表其人格特質，也就是說，沒有人永遠偏好技術描述，也沒有人每次都提供敘事。理由與情境及關係息息相關，比方說，某甲撞倒某乙疊在桌上的書本時，蒂利請我們設想某甲以下的反應：

1. 抱歉，老兄，我真是笨手笨腳。
2. 不好意思，沒有看到你的書。
3. 該死！我又來了。
4. 你幹嘛把書放在那裡？
5. 我早就叫你把書堆整齊。

蒂利要表達的概念是，使用1或2號理由的人不一定就彬彬有禮，而使用4或5號理由的人也不一定就是混蛋。這裡的重點是，根據我們與被撞倒書的人之間的關係，以上五種理由都可能派上用場。提利指出，理由的說明能反映、建立、修復、協商當事人之間的關係。「自從新工作上任，我一直覺得好忙，都沒有時間好好相處」，如果丈夫以這則敘事來向妻子解釋自己不快樂的原因，他的目的是試圖挽救婚姻；不過如果他想要離婚，他就會切換成慣例，用「不是你的問題，都是我的錯」來打發妻子。妻子也瞭解，這裡的重點不是說話的內容，而是丈夫提供的理由從象徵承諾的敘事改為透露疏離的慣例。婚姻因敘事而茁壯，因慣例而凋萎。

試想副總統迪克．錢尼(Dick Cheney)與友人哈利．惠丁頓(Harry Whittington)獵鵪鶉發生意外之後❷，各種理由紛陳的混亂情況。副總統支持者堅稱媒體小題大作，他們提供慣例理由：「意外難免」。錢尼在之後的訪問中對著鏡頭表示：「我永遠抹不去腦海中他倒下的畫面。我開槍，然後就看到哈利倒地。我得說，那是我人生中最糟糕的一天」，神情懊悔不已；錢尼提供的是敘事。與此同時，部分批評者聚焦於錢尼是否符合法律及道德標準：他有有效的持槍證照嗎？他是否太慢通知白宮？他們關注的是規範。接著，狩獵專家也回應了，他們複述錢尼的意外事件，佐以自己對於狩獵程序的專業知識，其中部分專家表示：錢尼一行人攜帶三把槍，但獵鵪鶉時不應該攜帶超過兩把槍。而且為什麼惠丁頓要拾回被擊中的鳥兒，那應該是獵犬的工作。錢尼的獵槍瞄準的位置是否

❷ 編註：二〇〇六年，美國副總統迪克・錢尼獵鵪鶉時誤射傷友人哈利・惠丁頓的臉部。

照規定與地面呈三十度以上的夾角？下午五點半之後他們怎麼還在樹叢裡？那時的光線已經不符安全狩獵的要求。專家提供的是技術描述。

以上是四種不同的理由，本質上都牽涉到「關係」。如果你支持錢尼，希望減輕他的責任，你會偏好慣例撇清關係的功能。至於遭受多面夾擊的公關，面對任何沸沸揚揚醜聞的第一線回應無疑是：**這件事沒什麼蹊蹺**。不過在這個例子中，當這個回應起不了作用時，副總統錢尼必須表現出憂慮與懊悔，同時卻不能承認自己程序上有任何失誤，只有敘事能辦到這一點；而其他回應——例如聳聳肩表示意外難免——都會被認為麻木不仁、難以原諒。批評錢尼的人要求以規範精準定案：錢尼行為不當。而狩獵專家想要展示其權威並教育大眾如何安全狩獵，因此他們藉由自己的專業知識複述錢尼的意外事件。

當提供理由有其必要時，有效的理由必須符合我們當下所扮演的角色。提摩西的媽媽接受孩子的爸打小報告，卻制止提摩西這麼做，這不代表她任性，只是夫妻關係讓孩子的爸能使用這個理由類別，但扮演兒子角色的提摩西無法。孩子可能很難理解「別打小報告」的道理，不過在成人世界中，理由類別適切與否的重要性有時勝過其內容是否屬實。

兩年前，一位名叫安東尼的男子在倫敦街頭上對一位名叫安的女子行搶。安東尼被逮捕定罪，判刑幾天前，他與安面對面談話，進行所謂的「修復式正義」（restorative justice，或稱「恢復型正義」）。刑法正義研究團體錄下會議過程，觀看錄影帶能更深入理解蒂利觀點的實用意義。

主持會議的警員開口說道：「我們要來談談事發經過，誰受到影響，受到什麼樣的影響，然後想想看能怎麼改善結果。」

安東尼率先開口。他理著平頭，脖子上有刺青圖案，眉毛和耳朵上穿了好幾個洞。坐在他身旁的是他的伴侶克莉絲蒂，懷裡抱著小男嬰。「發生的原因就是我那週過得很糟，我已經失業好幾個禮拜了。膝蓋骨還骨折……我在國內的親人只有我爸，我和他處不好。我們的公寓沒有瓦斯了。我和克莉絲蒂那天早上吵了一架，寶寶尖聲哭叫，我們肚子很餓。」他敘事的方式斷斷續續又令人難受。「情況壓得我喘不過氣來。我到處請朋友借我幾英鎊，但他們手頭也很緊……我不知道我是怎麼了，我伸手搶走你的包包。我真的很抱歉，如果我能做些什麼來彌補，我一定會去做。我知道你大概不希望看到我出現在你附近。」

安仔細地聽，身邊是她的丈夫泰瑞。現在換她講述她的敘事。她說她當時聽到一聲男性笑聲，於是轉頭過去，然後就感覺包包被扯走。她看到一名男子拉起帽兜，她隨即追了上去，感覺自己「像個白癡」。她的手臂在拉扯包包的過程中受傷，她是一名記者，傷後打字有困難。她說：「搶劫損失的金額很小，不過後遺症遺留的時間比我預期的要長……讓生活更不好過一些。」

接著換克莉絲蒂開口。她在家接到電話，不清楚發生了什麼事。她帶著嬰兒走到警察局，又生氣又害怕。克莉絲蒂說：「我們倚賴政府的救濟，不能少了那筆錢，但經濟拮据的情況不是你的錯。」克莉絲蒂開始哭泣，她看著丈夫繼續說道：「他沒有毒癮」，安東尼從她懷裡接過嬰兒，抱著寶寶，「如果週一開庭，他因為所作所為被判刑三年或六年，那就是他的問題了，他犯了法，必須為自己的行為付出代價。」克莉絲蒂看著小嬰兒：「我醒來聽到他在哭，覺得很心痛，我的處境改善不了任何事……我只想告訴你，他走進來對我說的第一句話是『我很抱歉』，我說：『這有什麼用？』」

觀看這場會議是一種奇異的體驗，因為這表面上是刑事程序的一部分，卻非常違和。這裡沒有法庭中壓迫感強烈的法律術語；沒有「控告」，沒有「犯罪者」；沒有提問者與回答者公開的來回交鋒，法庭程序對情緒的壓抑結構也不存在。安和泰瑞坐在舒適的椅子上，與克莉絲蒂和安東尼面對面。他們對話，而非對峙。他們述說敘事，蒂利認為，「敘事」在此的功能是：透過建立街頭搶劫事件的因果描述來修復關係。

為什麼犯罪行為之後的敘事如此重要？蒂利主張，因為在某些社會情境中，其理由與角色無法輕易調和。舉例來說，強納森．法蘭岑（Jonathan Franzen）小說《修正》（*The Corrections*）中的一個角色蓋瑞，與妻子卡洛琳進行了一段冷冰冰的對話。法蘭岑寫道，蓋瑞覺得「卡洛琳就要指控他患有『憂鬱症』，而他害怕假如自己被認定患有憂鬱症，那他就會喪失表達意見的權利……他所說的每一句話都會被解讀為罹病的症狀，他永遠無法再贏得爭論」。換句話說，蓋瑞擔心他人對其行為提出的技術描述——罹患臨床憂鬱症——會壓倒他使用的敘事與慣例，以及展現人性的努力。但他的妻子後來是怎麼做的？她想要他改變。

我們說衝突中的兩方「雞同鴨講」時，意思是雙方各自堅持類型互斥的理由，但都各自成理。人工流產權利的擁護者常倚賴慣例（個人選擇）及技術描述（第一孕期胚胎的存活能力）；反對人工流產者將每個胚胎的命運描述成一段敘事：生命被創造出來，又硬生生遭到終止。也難怪這個議題難以獲得共識。假如你認為敘事是說明理由最合適的形式，那麼不論你是否同意對方的看法，都可能認為採用慣例和技術描述者在道德上抱持無關緊要的態度。而如果你認為某個問題應該透過慣例或技術描述來裁定，那很可能會認為敘事者煽動情緒，對於知識性議題不夠嚴肅。根據蒂利的邏輯，人工流產權利的擁護者如果想要與反對者對話，就得提升己方敘事的技巧，而由於這種說明理由的方式看重「關係」，因此可能會需要理解母親與胎兒之間的情感聯繫。（諷刺的是，擁護宗教權利者談論人工流產議題時，堅持敘事在情感上具有優越地位，但當議題轉變成《創世記》時，卻把《聖經》的解讀當作技術描述。因此神創論者為了說明理由，迫使《聖經》同時還得擔任高中生物教科書，扮演雙重角色。）

蒂利指出，這樣的衝突在法律體系中尤其常見，法律的制定正好與敘事相反。在刑事審判中，我們將複雜的因果敘述配對到簡化、無人性的規範：一級謀殺、二級謀殺、過失致死。不過正是由於規範缺乏人性，法律也才能展現公平。但這也是法律體系令受害者感到極為痛苦的原因，他們沒有發聲、表達憤怒與自身經歷的空間。規範懲惡，但無法提供療癒。

那我們該怎麼辦？於是我們請安和丈夫與安東尼、克莉絲蒂和小寶寶共聚一堂，讓他們對話。犯罪學家勞倫斯．薛曼 (Lawrence Sherman) 與海瑟．史特朗 (Heather Strang) 在英國及澳洲進行一系列類似實驗，修復式正義計畫在降低罪犯再犯率及受害者心理創傷程度上，顯現出振奮人心的成果。看過安東尼和安的對談後，我們不難瞭解個中道理。薛曼表示，英格蘭及威爾斯首席法官某天晚上在家中觀看這個錄影帶後，還不禁流下眼淚來。

安東尼說：「如果我能幫上什麼忙，請告訴我。」

安對安東尼和克莉絲蒂說：「其實，我想你能做的主要就是好好經營你們兩人之間的關係。如果你能重新振作，那你就該這麼做。」

主持人請他們稍事休息，歡迎取用「倫敦警察廳準備的茶水、咖啡和巧克力餅乾」。

安詢問克莉絲蒂小寶寶多大，他們住在哪裡，結果發現他們的公寓被判定為危樓。泰瑞起身幫小嬰兒拿了一塊巧克力餅乾，然後這四位大人體會到有嬰兒在身邊的獨特體驗：除了眼前的小寶寶外，其他什麼事都不重要了。

「他是個乖寶寶」，克莉絲蒂說。這是一則慣例。光有一種理由是不夠的。

前言

你曾否想過，人們為什麼要為自己的所作所為、別人對待他們的方式，或是世上發生的萬事萬物說明理由？我仔細想過，最後寫了這本書。為了撰寫這本書，我暫時離開分析革命及民主化等大規模政治過程的慣常路線，我之所以偏離平常的航道，有以下兩個原因。

首先，我注意到大眾媒體、學生和社會科學家同仁解釋複雜的社會現象時，都習慣把目光焦點放在少數幾位具影響力的行為者身上，高度關注其決策，而忽視意料之外的結果、漸增效應以及社會互動中持續且隱微的協商過程。不過，個人經驗、和社會過程相關的專業研究告訴我，事情鮮少完全按我們有意識的規畫進行，事件的進展經常與自己的預期相左。那麼為什麼大家對於社會過程的描述及解釋，仍大篇幅著重於有意識的審思與考慮？

其次，我主張多數社會過程更像是一場熱烈的對話，而不像是個人獨白或西洋棋大師的布局，但這樣的論點少有人信服。也許是因為我的分析所涉及的社會規模太廣，又或者是因為，對於該如何完整而可靠地描述或解釋某件事，我的思慮還不夠周密。不論如何，我決定以一本書的篇幅來處理這項雙重挑戰。本書就是我的成果。

我完全無意宣稱，「說明理由是一種社會活動，因此各種社會情境中的合理理由各有不同」是本人的發現。本書借鑑亞里斯多德（Aristotle）對於詩學與修辭的看法，假如這是一本學術專著，我的論據也一定會上溯至約翰．杜威（John Dewey）和喬治．赫伯．米德（George Herbert Mead）等美國實用主義學家。在這幾位一脈相承的學者中，權威評論家暨哲學家肯尼斯．伯克（Kenneth Burke）主張，對於動機（motives）的描述所透露的其實是情境，而非內心狀態。他詼諧地指出，這個論點套用到狗身上也完全說得通：「鄉間毛色光亮的年輕獵犬和城市中嬌生慣養、被過度餵食的肥胖貴賓狗，後者唯一的冒險不外乎糖果和在堅硬的人行道上散步，這兩種狗表達動機所用的詞彙大相逕庭」。[1]不同的狗會根據自己所在情境表現出不同的理由。

社會學家C．萊特．米爾斯（C. Wright Mills）在一篇著名論文中擷取伯克「動機語彙」

(vocabulary of motives) 的概念，闡述其社會面向，將自己的論述明確地與杜威連結起來。相較於米爾斯其他關於美式生活與政府政策廣為人知的犀利評論，在此他以較為生硬的文句主張：

> 針對動機進行歸因和聲明的一般情形中，首先會涉及使用語言的生物（表明）計畫的這項**社會**行為，也就是依據他人行動或言論而為計畫和行動；其次，對於動機的歸因和聲明會與「問題」這種語言型態同時出現。問題背後的情境通常涉及**不同**或**意料之外**的計畫或行動，以分析角度來說，這些階段代表「危機」。問題的特別之處在於，他們通常會引發其他**語言**行動，而非動作反應。問題是**對話**的一項元素[2]。

在此晦澀的段落與這篇論文的後續文字中，米爾斯幾乎要將對於動機的歸因和聲明，與說明理由畫上等號，並認為它們的目的是達到正當化、合理化和修復等社會行為的效果。

除了時不時反覆提起亞里斯多德外，你手中的這本書幾乎不會深入理論細節、追溯學說系譜，或提及我和其他理論家的異同。不過確實，關於「慣例」的章節會稍微說明深具洞見的社會學家厄文．高夫曼處理類似議題的角度；此外，在論述較為複雜的地方，我也會偷懶在文章中引述一些學術著作（包括我自己的）。如果有學生想要深入瞭解某些有趣的想法，或有專家學者想要知道這些想法從何而來，我希望這些引註對他們有幫助。但與其呈現我的論點與其他說明理由的相關文獻之間的對話，本書的主要目的是幫助讀者瞭解「理由」在其日常遭遇的社會情境中扮演什麼角色。本書的價值不在於能否豐富現有文獻，重要的是，針對「為什麼？」這個疑問，讀者能否對自己或他人的回答有更清晰的認識，或至少獲得與以前不同的觀點。

感謝 Andrew Abbott、Aaron Cicourel、Lynn Eden、Mona El-Ghobashy、Jack Katz、Douglas Mitchell、Katherine Newman、David Rothman、Robert Courtney Smith、Laura Tilly、Viviana Zelizer 和兩位匿名讀者，他們在本書的撰寫過程中為我提供寶貴的評論、資訊、建議及鼓勵。感謝 Tim Sullivan 對於出版本書懷抱熱忱，在令人煎熬的審查過程中協助提振了我的心情；謝謝眼明手快的 Jon Munk 幹練地完成校對。第一章的早期版

本曾以〈原因〉(Reasons why) 為名，刊登於《社會學理論》(*Sociological Theory*) 二〇〇四年第二十二期，經美國社會學協會的允許，我在本書中重複使用那篇文章中的部分內容。

第一章

為什麼要說明理由？

第一批目擊者純粹想要搞清楚發生了什麼事。二〇〇一年九月十一日早上八點十九分，空服員鄧月薇 (Betty Ong) 打電話到美國航空公司位於北卡羅來納州卡瑞 (Cary, North Carolina) 的東南部訂票中心。她從美航十一號班機上撥打電話，這班飛機於上午八點自波士頓啟程飛往洛杉磯。北卡羅來納州的娜迪雅．岡薩雷斯 (Nydia Gonzalez) 接了電話；鄧月薇告訴岡薩雷斯，班機遭到了劫持，劫機者刺傷另兩名空服員、殺害至少一名乘客，並朝他們噴灑某種物質，令他們感到雙眼灼熱、呼吸困難[1]。

八點二十七分，岡薩雷斯將鄧月薇的來電轉給美國航空公司位於德州沃思堡 (Forth Worth, Texas) 營運中心的值班經理克雷格．馬奎斯 (Craig Marquis)。大約在同一時間，飛航管制員報告這班飛機於紐約州奧巴尼 (Albany, New York) 附近向南急轉彎。馬奎斯記得自己喊出聲：「他們要朝紐約飛去」，同時一邊下達命令：「打給紐華克和甘迺迪機場，請他們準備處理劫機事件」，他以為劫機者可能在這兩處降落。馬奎斯事後表示：「我壓根兒沒想到飛機會朝建築物撞去」[2]。身為資深的值班經理，馬奎斯很合理地將十一號班機的劫持與過往令人感到歷歷在目的劫機事件聯想起來，歹徒要求的可能是金錢、政治庇護或釋放政治犯。他猜想歹徒劫持班機，是要把飛機、機組成員和乘客當成人質，作為談判籌碼。大概這時，波士頓的飛航管制員告知聯邦航空管理局 (Federal Aviation Administration) 指揮中心，劫機者可能已經奪取飛機控制權[3]。鄧月薇持續在機上低聲報告事件發展，八點三十八分，她表示飛機正在下降，接著通話於八點四十四分突然中斷[4]。

十一號班機的劫機者很快就以行動證明馬奎斯的推論錯了。岡薩雷斯與鄧月薇失去通訊的兩分鐘後，美國海關總署 (U.S. Customs Service) 督察長凱文．麥凱布 (Kevin McCabe) 自紐澤西州伊麗莎白 (Elizabeth, New Jersey) 辦公室窗戶往東望去，「八點四十六分看見第一架飛機撞上世界貿易中心時，我正邊喝著咖啡邊講電話」，他後來向史蒂芬．布里爾 (Steven Brill) 如此表示。當他看到飛機有多大時，他就猜想這可能是攻擊事件，他打開電視，接著打給位於世貿中心的紐約海關辦事處，想要瞭解發生什麼事[5]。

麥凱布打給總部的幾分鐘後，CBS 新聞臺的布萊恩．岡布 (Bryant Gumbel) 正於曼哈頓進行報導，他剛接到不明班機撞上世界貿易中心的消息。八點五十二分，第一位來電的目擊者是史都華．紐瑞克 (Stewart Nurick)，他當時正在蘇荷區 (SoHo) 一間餐廳擔任服務生：「我親眼看見……好像是一架小飛機……我聽到一些聲響，飛機看起來好像從建築物旁彈落下來，然後我只看到建築物上方出現一個巨大火球，冒出大量煙霧，看起來似乎是殘骸或玻璃的東西掉落下來」[6]。一會兒之後，世界貿易中心萬豪酒店的門衛溫德爾．克萊恩 (Wendell Clyne) 與岡布通話：

岡布：好的，你站在室外嗎？告訴我們你的所見所聞。

克萊恩：我先聽到爆炸聲，原本以為是飛機經過。然後突然間，磚塊、紙張和一堆東西開始掉下來，所以我跑進室內躲避掉落物和玻璃。接著好像停下來了，我聽到有一個人在尖叫。我看過去，他身上著火了，所以我跑過去試圖撲滅火苗。他一直尖叫。我叫他打滾，他說他沒辦法。之後有另一個人過來……幫他把火熄掉。[7]

這時大約是九點零二分。

岡布轉接到第三位目擊者泰瑞莎．雷諾 (Theresa Renaud)，她當時正在世貿中心北方兩英里處，位於第八大道和第十六街交叉口的自家公寓看著世貿中心。雷諾表示：

大約十分鐘以前，大概八十樓的地方發生大爆炸，約有四到八層樓受到波及，建築物的北面和東面都冒出烈火。爆炸聲響非常大，接著就出現火焰，現在看起來建築物內部還在燃燒。

喔，又有另一架——另一架飛機剛剛撞上去。（倒抽氣聲；喊叫聲）我的天啊！另一架飛機剛撞上去——撞上另一棟建築，直直往中間飛去。我的天，飛機卡在建築物中間。

岡布：這架撞上（二塔）？

雷諾：對、對，就在建築物中央……這絕對是……蓄意的。

岡布：為什麼說絕對是蓄意的？

雷諾：因為飛機朝建築直直飛去。[8]

電影製片儒勒．諾代（Jules Naudet）當時正為曼哈頓市區的消防隊拍攝紀錄片，在第一架飛機撞上世界貿易中心後，他和消防隊長一同前往現場。第二架飛機撞上二塔時，他正在北塔（遭撞擊的第一座塔）大廳拍攝消防隊員工作：「我們突然聽到外面傳來爆炸聲，我一轉頭望向窗外，就看到著火的碎片掉落在庭院裡，然後我聽到無線電報告二塔被另一架飛機撞上，原本以為這只是一場可怕意外的念頭都消失無蹤——紐約確實遭受襲擊了」[9]。而華盛頓特區也在遭受攻擊，一場令人困惑的災難就此展開。

那個九月早晨，當民航機遭挾持並撞上紐約世界貿易中心、華盛頓五角大廈和賓州的一處田地郊外時，全世界的人們都開始詢問為什麼。為什麼會有人施加這種殘酷暴行？他們為什麼針對美國？美國當局為什麼未能防範這次攻擊？目擊者原本只是想瞭解發生什麼事，接著他們很快開始詢問發生這場災難的原因。直接當事者更面臨雙重挑戰，除了詢問為什麼發生這起可怕事件，也要為親身遭遇、目睹或導致的特定事件尋求理由。

現場的急救人員立刻展開例行工作，沒有餘裕詢問太多問題。在工作過程中，他們才開始認真尋找眼前這場災難何以發生的可靠答案。比方說，當救護車上的無線電通報有一架飛機撞上一百一十層樓高的世界貿易中心北塔（一塔）時，紐約消防局急救員蓋瑞·斯邁利 (Gary Smiley) 正在布魯克林市區加班值勤。播報時間是上午八點四十八分，斯邁利的小組在幾分鐘內經布魯克林大橋趕往曼哈頓現場。

斯邁利在兩塔之間架設檢傷區。他帶著一位從一塔逃出的女性傷患穿越街道，這時對方大喊「有飛機」。斯邁利抬頭，看到第二架飛機撞上南塔（二塔）。此時是上午九點零三分，第一次撞擊的十七分鐘後，建築碎片開始掉落在他們身上，因此斯邁利把傷患放倒在地，用自己的身體掩護對方，一條燃燒的人類手臂打在他的背上。斯邁利事後表示：「當時一團混亂，所有人都抱頭亂竄。然後我突然想通，我明白發生什麼事了。一九九三年世貿中心爆炸案的時候我也在現場，事後我在對街的千禧酒店(Millennium Hotel)幫忙照顧一百多名傷患，所以我知道這是一場攻擊事件。我這樣告訴大家，他們也開始採取因應行動」[10]。斯邁利先是自行解讀眼前的事件，然後轉告其他人。據他所說，其他人不僅接受這個說法，也立刻採取行動。他把救護車移動到較安全的地點，一邊避開自北塔高樓層跳樓自殺者的屍體，然後進入建築物展開救援行動。此時是上午九點五十分，南塔崩塌，變成一座燃燒的廢墟。

南塔崩塌後不久，斯邁利開始救援其他被困在建築瓦礫堆中的急救員。不過救援行動很快就被迫結束了；上午十點二十九分，北塔崩塌所產生的氣流吹起斯邁利，把他摔落在人行道上。他爬到一輛卡車底下尋找掩護，心想著自己即將因吸入大量粉塵窒息而死。接著，根據斯邁利的回憶，當時他開始生氣地想起三年前自己的父親在一場隨機街頭搶劫案中過世，想到自己的過世會對兩個孩子造成什麼影響，於是又想通了：

> 那時我念頭一轉，我認為那是我逃生的動機。我想通某件事，我知道今天還不是我的死期，我要逃出去。
>
> 你知道大家會說：「上帝對你還有其他計畫」，但我覺得是我父親對我還有其他計畫，他一定在天上看顧我，於是我開始爬。我不知道我在卡車下待了多久才想通這件事，不過我開始爬出那裡，挖開石頭和殘骸。我掙脫的時候，看到一位同樣被卡在碎石中的消防員也正好脫困，我們都踉踉蹌蹌走了幾步。[11]

斯邁利裸露在外的皮膚都被燒傷了，他躲進北端大道 (North End Avenue) 上一間熟食店，幾位受傷的警員和消防員也在此避難。他們聽到爆炸聲響，都紛紛提出自己對於事發原因的看法：「有一位警察認為那可能是二次爆炸，恐怖分子發動攻擊後，他們會在周圍放置次級炸彈，目標是殺傷救難人員，這是恐怖攻擊的特徵。那時候你不知道該相信什麼，所有人都對眼前的狀況毫無頭緒，什麼都有可能。就我們所知，攻擊範圍甚至可能遍及整個曼哈頓」[12]。那時候，現場許多人已開始表達自己對於當下情況的解釋與因應之道：恐怖分子正在攻擊我們，我們必須保衛自己。

高階官員也趕往災難現場，對眼前事件尋求解釋。紐約市警察局長伯納德．克里克（Bernard Kerik）才剛在總部做完運動，助理猛敲他淋浴間的門，告訴他有一架飛機撞上世界貿易中心。於是他和兩名手下驅車前往建築物附近，沿路警笛大響、警燈閃爍，他們看到許多人從北塔大樓往下跳。克里克下達指令，動員全市警力。不久之後，第二架飛機撞上南塔，飛機殘骸和屍體殘肢紛紛散落在下方的廣場上。（由於他們沒看到飛機，局長的保鑣海克特．聖地亞哥〔Hector Santiago〕表示：「老闆以為是炸彈，因此猜測是恐怖分子，於是他馬上進入狀況」[13]。）

克里克和助理開始逃生，差點沒能逃出來。他們在世貿中心七號大樓後方的郵局尋找掩護。克里克回憶道：

我往外看去，看到災情慘狀。那時我聽到無線電中航管局和機長大喊那是民航機，那一刻我意識到我們遭受攻擊。我朝約翰（秘書長約翰．皮恰諾

〔John Picciano〕）大喊，叫他打給總部，可是打不通，手機服務也斷訊，我們只能用無線電呼叫。我叫他們打給航管局關閉領空。我們需要空中支援，我叫他們請求空援。

但他們看著我，好像在說：「叫F-16過來要打哪支電話？要打給誰？該怎麼辦？」

不過航管局已經處理好了，他們關閉了領空，也呼叫軍方。這時我下令封閉整座城市，關閉所有橋梁和隧道，禁止進出。那時我主要的顧慮是地面可能還有二次攻擊，他們先從空中發動攻擊，是否也在地面設有埋伏？地面有無敵蹤？另外我也在想，他們到底是誰？他們是什麼人？隨著事件一一開展，你只能試圖拼湊全貌，一時之間千頭萬緒。[14]

紐約市長魯道夫．朱利安尼（Rudolph Giuliani）也加入克里克的行列。他打給白宮，得知另一架飛機撞進五角大廈，他們正在疏散白宮人員（美國總統喬治．W．布希〔George W. Bush〕當時位於佛羅里達州）。紐約應變小組在世界貿易中心殘骸附近設立指揮中心，不過不久後就被倒塌的南塔波及，於是又將臨時總部遷往該市位於東二十街的警校。克里克和朱利安尼當天的表現使他們登上全國性政治舞臺；二〇〇四年克里克甚至獲得美國國土安全局局長提名❶。

寫作本書的理由？

世界貿易中心和五角大廈附近的目擊者對理由的探尋，其實是人類一種極為普遍的慣例，我們甚至可以把人類定義為說明理由的動物。其他靈長類可能會使用語言、工具，甚至擁有文化，但只有人類從小就開始提供並要求理由，終其一生追尋「為什麼？」的答案。

說明理由，就是以有組織條理的方式回答「X為什麼（要、應該）從事Y？」這個

❶ 不過由於媒體記者挖掘其背景，克里克隨後自承僱用非法移民擔任管家兼保母，且並未為她報稅，獲提名幾天後就宣布放棄角逐這個職位。經過幾週的紛擾，克里克也辭去在朱利安尼九一一事後安全顧問公司的職位，他表示關於保母、自身感情生活，以及過去與罪犯往來等不公的指控已對公司造成傷害。至少這是他提出的理由[15]。

問題。X可以是你，說明自己為什麼赴約遲到；或是我，解釋如何中了樂透；或是駕駛飛機撞進世界貿易中心和五角大廈的劫機者。X不一定是一個人或一群人；X也可能是上帝、惡靈、伊斯蘭教、共產主義，或者是籠統的「他們」。X有時指的是個人、群體、組織、某個類別、某種力量，或是看不見的實體。X導致Y的結果。

世界貿易中心的災難引發人們在多種層次上尋求理由，包括：

- 劫機者為什麼要挾持飛機撞進建築物？
- 建築物為什麼會起火崩塌？
- 以受波及者的角度來說：我為什麼會做出某些行為？**我們**（不論指涉的確切對象）為什麼會有這些行為？
- 以受波及者和目擊者的角度來說：其他人（可能是個人或群體）為什麼會做出某些行為？
- 什麼原因導致恐怖主義？
- 什麼原因導致廣義的暴力？

本書從眾多層次，以具同理心、同時尋根究底的心態來檢視「說明理由」這件事。本書詢問人們如何、為什麼、透過哪些不同方式，為自己和他人的所作所為、自己和他人的遭遇提出理由。這裡探討的不太是人生、邪惡或人類弱點這類恢弘的問題，而是不同的人每天執行例行公事、面對困境、對彼此做出評斷或遭遇九一一這類緊急狀況時，所提出或接受的具體理由。

你即將閱讀的這本書著重於說明理由的社會面向，也就是人們如何傳達、溝通、質疑並共同修改既定理由。本書要探討的並不是個別神經系統如何處理接收到新的資訊，也不計較人們所提出理由的對錯、好壞、可能或不可能，本書把重點放在說明理由的社會過程。本書不會花太多篇幅針對「為什麼會發生這樣的事」進行整體的學術討論，更不會討論如何解決大眾對於重大事件發生的理由意見不一的現象。

九一一攻擊事件激起眾多辯論。在一篇關於九一一後續影響的專欄中，編者評論道：「無庸置疑的是，我們必須將九一一事件置於完整的脈絡中才能理解其深層意涵，不過所謂完整脈絡到底包含哪些事物，這本身就是受到熱烈爭論的問題」[16]。編者繼續指出，各方針對九一一事件所提出的嚴肅理由，包括蓋達組織（al Qaeda，或稱基地組織）的狂熱主義、受誤導的美國外交政策、中東政權的特性、原先穩定（但可能危險）的世界秩序的崩塌等。這些主題我都相當熟悉，我自己的工作主要就是釐清大規模政治過程的原因：為什麼會發生革命、什麼原因導致民主化和去民主化、恐怖主義為什麼有多種型態等。不過本書不會探討這類廣泛的政治問題，此處著重的是人與人之間說明理由的社會過程，在這個層次上，說明理由同樣具有重要意義。

我們之後會看到，即便旁觀者可能認為這些理由薄弱、牽強、異想天開，說明理由還是能在人與人之間建立聯繫。在九一一攻擊事件這類不確定的情境中，多數人會先從與他人互動的經驗模式中尋找眼前事件的發生原因，而在不同群體、不同情境或不同關係中，經驗模式會有極大差異。不論理由的內容為何，這是人們選擇某種行為的依據，也從此角度來敘述眼前的事件。此外，這些理由也能說明提出及接收理由者之間的關係。

我們再回來看看九月十一日世界貿易中心遭襲擊時的相關理由說明。尋找理由時，急救人員和市政官員至少還有先前經驗、現有分類與既定常規可供參考。相較之下，在大樓中工作的人們沒有多少前例可循。即便是具備充分實際經驗的查克·亞倫（Chuck Allen）也是隨著事件發展不斷調整自己的推論。

亞倫是北塔八十三樓拉瓦交易公司 (Lava Trading) 的電腦營運部門主管，他同時是擁有執照的飛行員及業餘無線電操作員。他在上午八點四十五分看到一架飛機沿著哈德遜河南下低飛時稍感驚訝，不過猜想他們只是要在紐華克機場降落。一會之後，他注意到飛機引擎提高馬力的熟悉聲響，接著是飛機撞上大樓（亞倫所在樓層十三樓之上）的轟然巨響。建築開始晃動、石塊掉落，爆炸後因飛機燃油洩漏引發的火勢開始蔓延。

面對電腦工程師透過內部通訊系統傳來的驚恐疑問，亞倫大喊：「我覺得是噴射機或直升機撞上大樓」[17]。之後，亞倫和其他人開始從八十三樓往下逃生，他試圖用自己隨身攜帶的雙向無線電對講機發送求救訊號。

不過剛連上線，他的通話就馬上被切斷了：「所有流量都被清空，以便用於緊急通話，請離開頻道。」他們以為亞倫只是在亂搞。亞倫從他聽到的對話片段中，拼湊出似乎有一架美國航空噴射客機撞上了大樓，但他搞不懂：「好，有飛機失事了，但為什麼要撞進建築物裡？老天，整條哈德遜河都可以讓機長迫降，這人有什麼毛病？」[18]

亞倫一夥人從八十三樓爬下樓梯，離開大樓，進入北面的廣場上，一位警察告訴他：「我們認為這是蓄意攻擊」[19]。一套全新的原因開始浮現。

就在逃離受到重創大樓的過程中，紐約九一一攻擊事件的倖存者已經開始思考這場災難的原因。傑瑞．蓋塔 (Gerry Gaeta) 是紐約港務局的建築人員，港務局是世界貿易中心的管理機關。事後他回想自己從北塔八十八樓（比亞倫的所在樓層高了五樓）往下逃生的驚險歷程，他說自己和辦公室一夥人努力在黑暗中穿過掉落物。不動產部門的伊蓮．德區 (Elaine Duch) 被飛機撞擊引發的火勢波及，裙子被燒熔，貼合在她的皮膚上。

伊蓮是第一個受重傷的人。她身旁還有同樣任職於不動產部門的另一位秘書多琳．史密斯 (Doreen Smith)。賴瑞．席爾弗斯坦（Larry Silverstein，世貿大樓的新任承租人）的某位員工小姐替伊蓮在她腰間綁了一條毛衣，用袖子的部分在她身後打了一個結，以免曝光。多琳走在伊蓮前方開道，如果伊蓮倒下也隨時準備好扶她，而我跟在伊蓮後方，抓著她背後毛衣打結的部分，以免她往前摔。我們就這樣走下八十八層樓。當我們走到七十六樓時，樓梯通到一處用

> 來屏蔽煙霧的交叉走廊。走廊大約長十五公尺，兩端各有一扇防火門，可以阻擋煙霧。我們通過第一扇門，卻打不開第二扇。我踢了好幾次，防火門還是文風不動。我開始猜想也許這是恐怖分子計謀的一環，他們在腦中預想過大樓裡的人會想要逃脫，因此事先把樓梯井的防火門鎖起來。不過我事後想到，防火門之所以損壞、卡死，事實上大概是飛機撞擊大樓的震動力道造成的。[20]

蓋塔起先猜想恐怖分子的攻擊計畫鉅細靡遺。不過身為專業的建築師，後來他想到其他可能性，考慮到撞擊會造成意料之外的後果。

狄恩・墨菲 (Dean Murphy)、米邱・芬克 (Mitchell Fink)、路易斯・馬薩亞斯 (Lois Mathias) 和《明鏡》(*Der Spiegel*) 為九一一撰寫生動的回憶錄，他們訪問的倖存者在事後轉述時，許多人都表示自己立刻把當時親身經歷的災難解讀為恐怖攻擊。也許是因為激進派穆斯林曾試圖於一九九三年以裝滿炸藥的貨車炸毀世界貿易中心，美國法院也已將其首腦定罪；又或者是因為二〇〇〇年美國軍艦科爾號 (USS *Cole*) 於葉門遭遇爆炸攻擊時，就已促使美國政府早在九一一事件前，即針對奧薩瑪・賓・拉登 (Osama bin Laden)

的邪惡計謀向美國民眾提出警告。

此外，許多倖存者也把攻擊事件比作新戰事的第一波攻擊，猶如另一場珍珠港事件❷。理查．布朗 (Richard Brown) 是美國聯邦存款保險公司的經濟學家，美航十一號班機撞上北塔當時，他正參加全國企業經濟協會 (National Association for Business Economics) 的一場會議，他的妻子凱西 (Cathy Brown) 及兩名子女（七歲及十歲）下榻於相鄰的世界貿易中心萬豪酒店。布朗一家快速撤離建築。布朗事後表示：「飛機撞上大樓後，我們撤離到巴特里公園 (Battery Park)，我告訴孩子們這和珍珠港事件很像。他們有時會透過最近的賣座電影來理解這種事情，我告訴他們這是《珍珠港》(*Pearl Harbor*) 加上《鐵達尼號》(*Titanic*)」[21]。對於接受訪問的倖存者來說，他們不難為自己的可怕經歷找到原因。恐怖分子試圖置他們於死地，也幾乎成功了。

進一步思考後，倖存者和目擊者通常會發展出更詳盡的敘事。比方說，金柏莉．莫

---

❷ 編註：珍珠港事件 (Attack on Pearl Harbor)，日本於一九四一年十二月七日對美國位於夏威夷的珍珠港海軍基地發起的一次偷襲作戰，被視為是第二次世界大戰時期太平洋戰爭爆發的開端。

拉雷斯(Kimberly Morales)是附近曼哈頓自治市社區學院(Borough of Manhattan Community College)的大四學生，她對此就有更深一層的省思。她在學校附近看到飛機撞上大樓，目睹隨後引發的爆炸和火勢，也見證北塔最終的坍塌，還看到絕望的人們從大樓一躍而下。回到布朗克斯區(Bronx)的路上，她有感而發：「回家的路途上我心情很激動，我想到很多政治上的問題。我很生氣，但不知道該對誰生氣。政府理應負責防範這種事情的人跑哪裡去了？我們經歷這些苦難的時候，他們是不是乘著自己上百萬的遊艇正享受著奢華假期？」[22]原因的探尋很快變成評估責任與追究過錯。雖然挾持飛機、撞進世貿雙子星大樓、五角大廈和賓州一處田地的是不知名的恐怖分子，不過怠忽職守的另有其人，才讓恐怖分子有機可乘。

政府官員同樣開始搜尋理由、追究責任與過錯。九月十一日，在一場廣受讚賞的記者會上，紐約市長朱利安尼以這樣的脈絡來說明理由：「我相信紐約市民能對今天遭受殘暴攻擊的人們展現自己的決心與支持，我們將繼續勇敢生活，以行動昭告天下，邪惡又懦弱的恐怖分子不能阻止我們這個自由國家的正常運作，我們會竭盡所能來證明這一點」[23]。針對攻擊事件，市長提出的原因是「邪惡又懦弱的恐怖分子」試圖摧毀「自由國家」的運作，而這個理由也要求人們採取合適的因應之道並拿出冷靜的決心。

同一天，美國國務卿柯林．鮑爾（Colin Powell）也針對攻擊事件發表類似的初步聲明：「我們再次見證恐怖主義、恐怖分子，他們不相信民主，他們以為可以透過破壞大樓、濫殺無辜來達到政治目的。他們可以摧毀大樓、殺害人民，我們對此慘劇深感悲痛，但我們絕不允許民主精神有絲毫退讓。他們無法摧毀我們的社會，我們對於民主之道的信念毫不退卻」[24]。根據國務卿鮑爾的說法，這起悲劇發生的原因是心懷邪惡的恐怖分子誤以為他們可以透過摧毀美國公共建築來動搖美國人的決心。可怕的九一一攻擊事件的九天之後，美國總統布希在向國會的演說中進一步闡明鮑爾所提出的理由，指明罪魁禍首並稱之為全世界的公敵。布希總統宣示：「我們向恐怖主義宣戰，頭號敵人是蓋達組織，但不止於此，在找出、阻止、擊敗所有全球性恐怖組織之前，我們不會停下腳步」[25]。

理由的種類

不論是政府官員、急救人員或是社區學院學生，人們向自己或他人說明理由時，不是為了追求普世真理、或前後一致而連貫的說法；他們時常採信膚淺、矛盾、不實或牽強（至少旁人看來是如此）的理由。不論人們說明理由有什麼其他目的，其中之一顯然是協商其社會生活；他們訴說的理由透露出自己以及聆聽理由者的關係。理由提供者與接收者在互相確認、協商或修復彼此之間的適當關係。

常見的理由可以歸類為以下四個類別，這些類別彼此互有重疊：

1. **慣例** (conventions)：面對疏忽、差錯、優異或好運的時候，一般所能接受的理由，例如：我的火車誤點了、終於輪到你了、她很有教養、這人就是好運等。

2. **敘事** (stories)：面對陌生現象或像是九一一災難這種特例事件時，說明其中因果關係的解釋性敘述；這類事件還可能包含：被朋友背叛、贏得大獎、畢業二十年後參觀埃及金字塔時偶遇同學等。

3. **規範** (codes)：關於法律判決、宗教懺悔或獲獎資格等行為的規定。

4. **技術描述** (technical accounts)：說明前三者的結果，例如：九一一當天遭挾持的飛機撞擊世界貿易中心後，結構工程師、皮膚科醫師、骨科醫師對八十八樓的伊蓮．德區的遭遇分別會有什麼解釋。

這四種說明理由的方式各具特點。根據提供者與接收者之間社會關係的不同，每一種理由的內容也會不一樣。每一種理由都會對社會關係施加影響，包括確認現有關係、修復關係、主張新關係或否認關係。不過這四種說明理由的形式與內容大相逕庭。每種理由都具有不可替代的功能。

慣例不會試圖提供充分的因果關係。假如我把咖啡灑到你的報紙上，一旦我開始解釋詳細原因——我昨晚睡得不好、我擔心工作不保、最近身體開始出現很難控制的顫抖，你很可能會感到不耐煩。我只要說：「喔喔！我真是笨手笨腳」就夠了，最好再主動提出幫你買一份新的報紙。（「抱歉，我被地毯絆到」也可以。）在不同社會情境下，慣例也會很不一樣。比如說，針對同樣的疏忽、差錯或好運，你給出的理由可能可以說服公車鄰座乘客，但你的另一半不一定會買單。慣例能夠主張、確認、修復或否認社會關係；因此根據當下社會關係的不同，所適用的慣例也有極大區別。

不過特例事件或陌生現象會需要不同的理由——也就是**敘事**。對於遭遇重大挫敗或勝利、嚴重失態、共同悲劇或半夜聽到莫名聲響的人，如果只是告訴他們「這就是人生」，恐怕滿足不了對方。他們還會試圖根據當下的情境與社會關係來尋求理由，不過現在理由的重要性提升了。同樣，結婚、離婚、父母死亡等重大人生轉折所要求的說明也比慣例更為嚴肅。一般來說，特例事件的理由會附帶些許辯護或譴責的意涵，例如：公司發給我的獎金比你多，是因為我工作更賣力、賣出更多臺電腦。從敘事之中，在理由提供者與接收者之間，敘事對兩者關係的品質、強度、韌性與得體性的暗示程度，遠超過慣例。

由於具有以下三項特點，敘事對於社會生活來說有極高重要性。首先，敘事可以重構、簡化社會過程，以便進行敘述；「X對Z做了Y」這句話就能以簡單易記的方式表達事情經過。其次，敘事包含鮮明的責任歸屬，因此可以用於道德評估：我獲得功勞、他被責備、他們對我們使壞。由於第二項特點，敘事對事實的評估極為重要，也能解釋人們對其不光彩行為的敘事為何會不斷改變。第三，敘事端視當下的關係而定，因此關係不同，敘事也不一樣；針對同一場輸掉的足球比賽，電視記者和球員彼此間的敘事並不一樣。

此外，敘事往往會精簡因果關係，其中通常只包含少數幾個行為者，他們的性格和行為卻會影響無限時空範圍中發生的所有事情。這些行為者有時包含超自然生物和神祕力量，而他們的性格和行為能夠解釋事情發生的原因，例如以巫術來解釋不幸。因此不可避免地，敘事會弱化或忽視失誤、意料之外的後果，以及間接效應、漸增效應、同步效應、回饋效應、環境效應所帶來的影響[26]。敘事符合講故事的主流模式。事實上，關於九一一事件的初步理由多數屬於敘事的形式。

相較於敘事，**規範**不必承載太多解釋的負擔，只要求遵守現有的規定。（我在美國海軍服役時，我擔任一板一眼的補給出納官，負責訓練我的資深士官長艾德華．麥格羅蒂〔Edward McGroarty〕常說：「沒有什麼理由，規定就是規定！」）宗教、法律和榮譽制度滿載著理由，不過這些理由描述的是哪些行為何以符合現有規範，而不是造成某個結果的確切原因。法官、牧師與評獎委員會這種第三方，尤其注重依據準則來給出理由。

我和露易絲．蒂利 (Louise Tilly) 之前想要複印十九世紀米蘭的一批重要而繁多的家戶記錄時，就遭遇到米蘭市政檔案主任會計師喬班 (Ciampan) 所提出的規範阻礙。一開始，他堅稱只有市長能授權外人使用這些記錄，藉此打發我們。後來我們動用關係，確實拿到了市長的授權書，於是我詢問喬班會計師何時可以開始架設攝影器材，用於翻拍檔案。這位小個子大步走到窗邊架子旁，取出一本大部頭的市政規範，翻開某一段表示：「檔案部門以外者，不得拍攝其內容」，他一手放在書頁上，一手舉在空中表示：「我奉公行事。」於是我們只能辛苦地抄下那些記錄。

就連規範的受害者也常只能無奈地把規範當成最終判決。大衛．派特森（David Patterson，第三章還會再次提到他）是一九八〇年代電子業蕭條大環境下的受害者。一九八〇年代前半的繁榮時期，派特森的公司將他從加州辦公室晉升到紐約都會區當部門主管。派特森一家（包含兩位青少年子女）搬到繁榮的紐約郊區時，孩子們適應得很辛苦。一九八〇年代中後期，景氣猛然下滑，公司收掉紐約部門，發給派特森四週的資遣費後，就解雇了他。後來他也找不到其他主管職位的工作。儘管如此，對於自己的窘境，他只是向凱特琳．紐曼（Katherine Newman）提出一個規範理由：「政策就是政策，常規就是常規，這就是我們行事的方式，你在大企業環境中就會懂。這不會讓你比較好受，也不能緩和什麼痛苦，不過這就是我們的行事方式，你只能接受……否則你在這個環境中生存不下去……如果我回到職場，我還是會採取同樣的作法，也預期同樣的事情會再次發生在我身上」[27]。當然，我們大家都曾咒罵過這些愚蠢規定，不過對於奉公守法的人來說，規範帶有必然、甚至是神聖的地位。

最後，**技術描述**會因其內部結構與內容的不同，而有極大差異；不過共通點是，技術描述都主張能提出因果之間的可信關聯。傑瑞．蓋塔回想在世界貿易中心七十六樓猛踢防火門，門卻仍然卡得死緊時，他根據自己身為建築師的專業知識，為原本的敘事（恐怖分子為防止人們逃生而預先鎖上防火門）補充因果關係的技術描述。結構工程師的因果描述會著重於機械原理，醫師注重的是有機體的作用，而經濟學家看重市場驅動的過程。雖然工程師、醫師和經濟學家遭受抨擊時，有時會花費極大心力捍衛自己的專業知識，奮力證明自己是根據受到公認的專業流程來做出結論，不過整體來說，他們的理由說明還是以推定的因果關係為中心。他們背後有整個專業領域和有組織的專業知識體系支持。

以上四種理由可以大略做此區分：

	公式	因果描述
專業	規範	技術描述
普遍	慣例	敘事

圖表中，理由的秩序、紀律、內在連貫一致的程度由左至右增加，「普遍」的理由廣泛可得，「專業」理由則有賴該領域的深厚訓練。位於圖表上半部的理由（公式）中，X和Y配對的適切性，比兩者之間因果關係的重要性要高；下半部（因果描述）則重視由X至Y追尋因果的過程。顯然，圖表指涉的是提供者所提出的主張，以及／或者是接收者所接受的主張，而無關包括你我的第三方對其妥適性的判斷。

這四種理由經常對關係產生影響。最隱微的影響包括單純**確認**理由提供者與接收者之間的關係；比方說，懺悔者接受牧師以規範解讀其罪過，或是指示懺悔者向他人與上帝做出適當補償，即使這份規範與因果幾無關聯。在較為顯而易見的層面，說明理由也常會**建立**關係，比如訪問者打電話詢問受訪者對於食物、電視或政治的偏好時，他們說明調查目的的同時也會建立起與受訪者之間的關係。說明理由有時也能夠**協商**關係，例如技術描述的提供者為取得聆聽者的尊重與服從，需要展現其專業資歷。最後，說明理由也常能**修復**關係，例如，當某人對他人造成傷害後，會透過敘事表示傷害是無意或無法避免的，藉此希望理由提供者與接收者之間的關係不受負面影響。由「我很抱歉，但……」這句話所起頭的敘事就常用於修復關係。公式和因果描述都能影響關係。

公式會在Y（事件、行動或當下的結果）和X（前情）之間找出適切的對應關係，不過幾乎或完全不會在Y與X之間建立因果連結。因果描述則會建立因果連結，就算旁觀者可能會認為這樣的連結荒謬或難以理解。在不同社會中，所謂的「普遍」理由當然也不一樣，比方說各文化篤信的宗教和信條大相逕庭。同樣，各學科的專業理由也彼此迥異；神學家所闡述的規範和技術描述必定與醫療從業者迥然不同。

精明的讀者應該避免以下這種簡化而錯誤的假設：普遍理由只是規範和技術描述比較低劣、無知和過度簡化的版本，因此，聰明人絕不會採信慣例或敘事。我們專業人士常犯這種錯誤，因為我們經常得將自己的規範或技術描述轉譯為其他領域的人都能夠明瞭的語言。羅素．哈丁(Russell Hardin)對「萬事通」可能具備的知識（比如相對論），與一般人所有的日常知識之間做了必要區分；他基於普羅大眾層級的認識論(street-level epistemology)，提出了「知識的經濟理論」：

知識的經濟理論可用於解釋一般個人或甚至是特定個人瞭解各種事物的原因。在經濟理論中，你知道某件事，而我的所知與你相反，這在某些情境下是說得通的。我可能會在聽聞你對自己所知的辯護後，最終瞭解到我的相反觀點是錯誤的，並進而加以修正。但在這個過程中，沒有萬事通這種角色能判斷我們雙方立場的真相，我們是自己的裁判；若想尋求更公正的知識，我們就必須自行去判斷取得知識的媒介或來源。普羅認識論關注的不是物理學等專業學科所認定的知識，而是你我的知識——一般人的知識。[28]

我們都會在日常生活中運用實作知識(practical knowledge)，並從個人經驗和身處的社會情境中汲取實作知識。實作知識包括適切性的邏輯（公式），也包含可信的解釋（因果描述）。在不同社會情境中，適切性及可信度也有所區別。

因此，針對同一事件，不同的提供者與接收者所處理的理由類型也會截然不同。以九一一事件為例，我們已經看到目擊者和受波及者所提供的慣例（「這是戰爭」、「這是恐怖主義」）和敘事（「恐怖分子蓄意撞毀飛機」）；而傑瑞．蓋塔指出撞擊導致世界貿易中心的防火門卡死，其中就包含些許技術描述。在那之後，工程師和物理學家花費大量時間重現兩架飛機的撞擊何以導致世貿大樓崩塌，畢竟這兩座大樓的設計應該要能承受巨大衝擊（結果顯示，飛機燃料引發的火勢才是關鍵原因）；關於九一一事件的技術描述多不勝數[29]。另一方面，認為攻擊事件是罪有應得的反美神學家和國際律師也提出了大量規範分析。相較於事件類型對理由的影響，對話類型的影響更大，也就是說，誰在對誰說話會造成極大差異。

當然，理由的說明也存在著過渡類型。人們互動時，理由的類型有時會有所轉變。宗教團體中，「此乃天意」兼具慣例與敘事的特性，其解釋效果會根據團體對神靈干預人類事務的篤信程度而有強弱之分。棒球迷的談話也在慣例、敘事、規範和技術描述之間瘋狂跳躍，他們可能從詳細的因果推論快速切換成單純的口號呼喊，其他運動的愛好者

（或不懂體育的人）常對此轉換感到一頭霧水。專業人士和教師常根據聆聽者對於該領域主流解釋的瞭解程度，在技術描述與敘事之間切換。長期病患和疑病症患者會成為自身疾病的專家，與他們的醫生針對診斷、預後與治療進行半技術性討論。車主假如無法講出幾個基本機械術語，他們送修故障汽車時就可能會被狠削一筆或遭到怠慢。

另一方面，技術描述和規範的專家常須花費大量心力將慣例與敘事轉譯成自己領域的用語，或是協助他人進行這類轉譯。會話分析學家保羅．德魯 (Paul Drew) 轉錄了一小段辯護律師、法官和被告之間的對話：

律師：你敲門之後，到門打開之前，時間過了多久？

被告：好像有三天那麼久。

法官：你說什麼？

被告：我說，門很久之後才打開，好像有三天那麼久。我覺得……

律師：（清喉嚨）鑑於你當時的心理狀態，我們先不論你感覺過了多久，你能否稍微估計實際的時間長短？一分鐘嗎？還是一分半？根據你的判斷，最接近的時間是多久？不是你感覺門打開之前過了多久，而是實際經過的時間，告訴我們最接近的估計就好。

被告：呃，我估計大概一分半吧。30

在日常對話中，「好像有三天那麼久」這句話一點問題也沒有，不過逃不過法庭文字記錄的檢驗，我們捕捉到辯護律師將慣例轉譯為規範用語的過程。觀看醫學對談或宗教教義問答時，我們也能見識到將一般對話轉譯為專家描述的過程。話說回來，慣例、敘事、規範、技術描述這四種類型能區分多數人常見的理由，也很容易分辨。

說明理由

我此處的任務不是要為人們日常生活中對彼此所提出的理由提供完整而令人信服的說明。在這小小的一本書中，我想針對以下三個問題提供初步的回答：

1. 普遍與專業理由、公式與因果描述性質的理由是否如同我的主張，具有系統性的差異？如果有，那麼我們應該會注意到，即便文化內容大相逕庭，慣例仍具有家族相似性（family resemblances），並且與技術描述明顯不同。

2. 是否正如我所主張的，理由提供者及接收者之間的社會關係會顯著影響他們所提出、接受或質疑的理由？若是，那我們會發現，專業人士和客戶之間說明理由的過程，與配偶之間說明理由的過程具有鮮明差異；若由專業人士向其配偶提供技術服務，可能因此難以找到合適的溝通模式。

3. 是否正如我所主張的，針對可接受或不可接受之理由的協商，在不同社會關係之間會有顯著差異？若是，那我們應該會注意到，假如人們對於雙方關係本質的看法有所不同、或關係緊張，或至少一方若承認其關係特性時將會有所損失，其協商爭論就會較為激烈。

目前還沒有人針對理由提出分析得足夠廣泛且充足的證據，因此未能對此三個問題得出確定而普遍適用的答案。不過，一個意想不到的類比可以幫助我們理解不同社會關係中提出與接收理由的差異——理由說明的過程和人們處理不平等社會關係的方法相似[31]。不平等社會關係中的當事者所運用的溝通模式會顯露出他們正在察覺、確認、強化或是挑戰這種關係。事實上，能不受挑戰地提出理由，通常代表其具有一定權力地位。在諸如高階政府部門、或具階級的職業這類極端情況中，權威性的理由說明彰顯著其勢力範圍[32]。不論說明理由的過程如何，理由提供者與接收者都在協商彼此關係的平等或不平等。

以不平等關係的協商來類比理由說明過程透露以下可能性：

- 在其管轄範圍內，專業人士提出理由時會優先選擇規範及技術描述，而非慣例或敘事。
- 專業人士通常嫻熟於將慣例及敘事轉譯為他們偏好的用語，也善於指導其他人合力進行轉譯。
- 因此在任何社會情境下，知識的專業化程度愈高，規範及技術描述就愈有主導性。

- 理由提供者與接收者之間的關係愈疏遠，以及／或者理由提供者的地位較高時，提供公式而非因果描述的機會就愈高。
- 因此，提供公式者藉此主張了自己較高的地位，以及／或者雙方關係的疏遠。
- 接收者一般會挑戰這樣的主張，其方式是要求因果描述。
- 要求的表現形式通常是針對對方所提出的公式表示懷疑，並要求詳細說明Y實際發生的方式與原因。
- 在權威方提出規範的情況下，有技巧的接收者仍然可以挑戰對方提出的理由，方式是運用同一套規範，證明對方誤用。
- 即便在關係疏遠及／或不平等的情況下，接收者對提供者後續福祉的可見影響力愈高，提供者將公式改為因果描述的機會就愈高。

理由是否被接受，取決於該理由是否符合提供者與接收者之間主要的社會關係。就像在不平等關係中，當事人通常會對哪些尊重或差別待遇的表現可被接受而進行協商；說明理由的當事人也會進行雙向操作：一方面根據自己所假定的關係特性提出理由，同時也透過提供理由表明自己希望如何界定與對方的關係。

理論上，以下解讀很可能出錯。比方說，如果你認為多數人是根據自己的成長過程、所在群體、基本信念或內心深處的個性來提供理由，那麼不論社會情境，只要上述特質相同的人就應該提出相同的理由。另一方面，如果你認為理由的說明分為兩種：對關係親近者提供真誠的理由，向其他人提供簡短、方便、投機的理由，那也不會出現我所主張的關係協商過程。那麼不論如何，現有證據應該要證明我的主張不符事實。你可以根據自己提出及接收理由的經驗來挑戰本書的論點。

我的主張意味著：由於多數人同時身處各種社會關係，他們也精心發展出一套習慣，可在各種社會情境中拿出相應的說辭；例如，攔下你問路的陌生人開始閒聊時，你可以用「我該走了」來結束對話，不過如果是與一位多年不見的老朋友會面，就不可能這麼輕易結束談話。假設甲在圖書館把乙的書從書桌上撞落，甲可能有以下表示：

抱歉，老兄，我真是笨手笨腳。

不好意思，沒有看到你的書。

該死！我又來了。

你幹嘛把書放在那裡？

我早就叫你把書堆整齊。

這些說辭透露出甲和乙之間的不同關係。

敘事和慣例不同。敘事有賴於（或至少主張了）理由提供者與接收者所屬的共同信念社群。規範通常要求當事人和標準化身分（例如檢察官、辯護律師、法官、陪審員、被告和原告）之間的謹慎配對與關係。技術描述則假定了理由接收者相信提供者的能力，因此技術專家時常展示能夠彰顯權威的標誌，例如：頭銜、證書、白袍、專業器材、氣派的書桌。

在一本關於疾病的精采著作中（本書後續還會提到這本著作），安納托．卜若雅(Anatole Broyard)描寫了他等待一位波士頓泌尿科醫師的過程，這位醫師最早診斷出他罹患前列腺癌（卜若雅後來死於這種疾病）。卜若雅寫道：

等待時，我以符號學的角度對這位醫師進行初步審視。我坐在他的辦公室中，讀著這些標誌。他的證書，我視之為理所當然。真正令我感興趣的是，這間辦公室的家具擺設很有品味：做工精良的書櫃中擺滿書籍，安置了古董書桌椅，地板上鋪著相稱的東方風地毯。落地窗外的波士頓市景一覽無遺，這彰顯醫師的地位、他努力得來的尊敬。我想像醫師常遙望窗外景色。[33]

不過令卜若雅大感失望的是，這間辦公室不屬於他的泌尿科醫師，醫師領他走進另一間「現代而沒有特色」的辦公室，「沒有古董、東方風地毯，也看不到任何圖畫」[34]。根據卜若雅的高標準，這位「冒牌醫師」未能滿足他的期望。這則故事突顯出地位以及地位的標誌之間的關聯，進而影響其技術描述的可信程度。

外行人不一定會自動接受專業人士的權威。工程師亨利．波卓斯基（Henry Petroski）以這則軼事展開他對工程失誤的精采分析：

一九八一年堪薩斯城（Kansas City）凱悅酒店（Hyatt Regency Hotel）天橋坍

塌事件後不久，一位鄰居問我怎麼會發生這種事。他想知道，難道工程師不知道天橋並不只是在比較高的地方建造走道嗎？他還向我提起塔科馬海峽吊橋(Tacoma Narrows Bridge)的倒塌事件、美國航空DC-10在芝加哥的空難事件等其他知名工程災難，還拋出幾個他聽說的核電廠事故，核洩漏幅度絕對超過三哩島(Three Mile Island)事件，彷彿如此就能輕易證明，工程師對自己的成品毫無把握。

我告訴這位鄰居，評估工程結構的強度和運作並不如表面那麼簡單、明確，但我不認為我這樣抽象的概述和模稜兩可的歉意能改變對方的想法。[35]

一九八一年的凱悅酒店天橋坍塌事件造成一百一十四人死亡，在九一一事件之前，這是美國死傷人數最高的建築坍塌事故。在媒體、法庭、專業期刊和一般民眾的街談巷議中，一九八一年這場災難引發各種敘事、規範和技術描述，如野火般彼此助長。

在醫學領域，專業知識出錯時同樣也會引發說明理由的過程。根據大衛·羅斯曼(David Rothman)的記錄，在一九六〇至一九八〇年代間，對於患者疾病的原因與療法，美國的醫師逐漸失去其不受挑戰的權威。不同過往，醫師不再能輕易提出慣例或規範，並預期接收者被動接受；他們失去了部分距離感與優越感。對錯誤診斷及治療的宣傳、代表受害者及倖存者提起的訴訟、患者的政治動員，以及立法者、保險業者、生命倫理學家與健保組織等第三方，都開始介入原本私人（且高度單向）的醫病對話[36]。

不論第三方是否介入，遇到特例事件時，技術描述的提供者也常調整自己的理由類型，改為較容易接受的解釋方法。舉例來說，聽聞以技術描述傳達的壞消息時，少有接收者具備足夠的工程、醫學或財務知識，以消化專業領域從業者彼此溝通同一件事時所用的語言。史蒂芬．柯爾 (Steven Cole) 和朱利安．博德 (Julian Bird) 在指導醫學生進行對談的標準教科書中提出以下情境：

> 傳達壞消息的第一步要先評估患者的心理準備程度。醫師通常可以透過以下方法做到這一點：檢視患者的臨床資料、確認對方對於這些資料的理解與顧慮，並表示現在有了新資訊。
>
> 醫師：維丘先生，你知道我們先前在你的腸壁上發現一個腫瘤並進行活體組織

切片檢驗。你對結果瞭解多少呢？

患者可能有以下反應：

患者：是癌症嗎？

患者：可以等我太太來嗎？她六點下班。

患者：（不發一語，盯著醫師的臉）

立刻詢問是不是癌症的患者已經準備好接收消息。而其他患者則可能以言語或肢體反應，傳達自己對繼續進行感到的不自在；在這種情況中，醫師可以運用一些技巧來緩和訊息傳達的過程。[37]

上述例子裡的假想醫師可能很擅長以技術描述來說明大腸癌的形成原因。此外，這位醫師無疑也能根據現有知識指出，自己所提供的描述中，有哪些因果關係仍然不明或有爭議；醫師和同事之間討論病例時一般就是如此進行。不過，他們很少向患者提供技術描述。雖然教科書並未點明這一點，不過其實醫師正透過雙重的過濾，傳遞一種極為簡化的技術描述：將訊息轉譯為患者可以理解的語言，使之瞭解這個特例事件的原因，另一方面也緩和訊息帶來的情緒衝擊。

在醫師的執業過程中，他們會用上所有不同類型的理由：用慣例來說明常規問題；用規範說明醫院規定；碰到困難診斷時，以技術描述進行會診；假如患者缺乏醫學知識因而不瞭解相關技術描述，則改用敘事來解釋；醫師彼此間討論難應付的患者時，也會用上敘事。在某些專業領域中，幾乎所有從業者都會在各種理由間不斷切換。紐約的計程車司機在夜間額外收費時，會提出規範來說明，並用技術描述解釋為什麼前往目的地的路線迂迴曲折，用敘事說明車內音樂的選擇，或提出慣例來解釋為何沒有遵照乘客的路線指示。比起挑戰醫師的理由，我們多數人更容易對計程車司機提出質疑。不過不論是挑戰醫師或司機，我們都在協商彼此間的關係特性。

後續章節的內容

接下來，本書將延續同樣的觀點，依序討論各種理由。說來有點弔詭，本書要為理由說明理由。第二到五章依序分別是慣例、敘事、規範和技術描述，第六章為本書作結，也談到包括社會科學家在內的技術專家可以如何讓自己提出的理由，被不熟悉學科技術問題的大眾所理解。

身為歷史學和社會科學家，比起其他學科理論，我難免較為著重歷史及社會科學分析。不過我希望讀完本書後，即使是原本對歷史及社會科學解釋力抱持懷疑的讀者，也能從一般人們提供、接收、協商理由的過程及原因中，獲得一些真知灼見。以上就是本書的寫作理由。

第二章 慣例

禮儀是合宜行為與自利的展現。如果你是想要善用時間的主管，聽聽禮儀專家佩姬．波斯特 (Peggy Post) 的建議：「如果會面已經結束，但對方還沒有散會的意思，你可以直接起身說：『非常不好意思，但我還有工作得完成』」[1]。波斯特繼承曾祖母艾蜜莉．波斯特 (Emily Post) 與婆婆伊麗莎白．波斯特 (Elizabeth Post) 的衣缽，成為禮儀專家，為在意禮儀及業務的美國人指點迷津。她得為各種自己從未經歷過的情況擬定出一套因應之道，比方說，她曾針對必須在棘手處境中說明理由的人們提供建議。

波斯特透過提出恰當理由來協助解決的問題包括：

- 發現自己無法參加一場之前已經答應出席的晚宴。
- 向小孩說「不」。
- 當面試官進一步詢問時，向對方眨眼分散其注意力。
- 向焦慮的家長解釋自己為何選擇同居，而不是結婚。
- 向孩子解釋為什麼自己的伴侶會離開。
- 因為關節炎而拒絕握手。

■由於工作「壓力太大或太無聊，薪酬不夠有吸引力或缺乏晉升機會」而離職[2]。
■從冗長的閒聊中抽身，你可以說：「湯姆，真高興碰到你，不過我得走了，不然等下約會（或是搭車、去幼兒園接送小孩、看牙醫）會遲到。替我問候海倫，再見！」[3]

以下是波斯特的一則經典建議：

無論如何，除非良心驅使，否則你沒有義務接受邀請。不過一旦答應了，就一定得出席，除非生病、家人去世或臨時必須前往外地，否則不能反悔改變心意。

此外，假如因為以上原因拒絕邀請，不論再怎麼令人嚮往，也萬萬不可接受同一天的其他邀約。因此除了「十三號那天恐怕我們沒空」，你不需要提供其他藉口，這樣你就可以自由接受其他邀約。不過如果你以「去外地」的理由拒絕邀請，之後又出席另一場派對，假如在派對中巧遇共同朋友，原本的邀約者一定會感到不快。4

其實，良好禮儀的重點不外乎提供適切又有效的理由來說明自己的作為或不作為。良好的禮儀包含慣例性質的理由，這些理由不一定要是事實，但必須符合情境。此外，整體來說，在多數要求禮儀的情況下，慣例的效果會優於敘事、規範或技術描述，後三者只會使雙方交流更加複雜。慣例有確認或修復社會關係的效果。

從我們的角度來看，敘事、技術描述、規範和慣例都有其隱含用途，不過此處的重點在於，它們在說明理由的過程中扮演怎樣的角色。不論敘事的提供者是否在處理嚴肅的「為什麼」問題，敘事同時還有提供消遣、威脅和教育的作用。技術描述當然包含解釋的成分，不過同時還能展現提供者的專業知識，也能彰顯提供者在該領域中針對爭議問題的立場。同樣，規範能讓提供者展示炫目的知識與專業，就像在進行令人屏息的機智把戲一般。而慣例能區分局內人與局外人、填補對話中的冷場、傳達世代之間的累積智慧。不過，此處我們的重點是說明理由，因此只看慣例在這方面的用途。

我們之後會看到，慣例類型的理由帶來的後果可不小。適當定義社會關係是有效社會生活的前提。此外，理由有正當化其實踐的效果——不限於出席或婉拒派對，更包括建立或斷絕友誼、提供或拒絕協助、僱用或開除員工，甚至是展開或結束戰事。根據當下的情況與關係提出適切的理由，能夠形塑我們所知的人類社會生活；提出不恰當的理由，則會干擾社會生活。

因此佩姬·波斯特的建議可不只是理想空談，她提供的是與他人互動的實用指引。一九五〇至一九七〇年代，美國社會科學家高夫曼針對小規模的社會互動提出頗具原創性、洞見及影響力的研究。（高夫曼不僅具備審慎懷疑的眼光，還有苦中作樂的幽默感，他一九七一年出版的《公開場所的關係》〔*Relations in Public*〕第一頁題詞如此寫道：「獻給A·R·雷德克里夫－布朗〔A. R. Radcliffe-Brown〕，他一九五〇年拜訪愛丁堡大學時我幾乎有幸遇到他。」）在他精彩的研究中，高夫曼大量取材自親身觀察以及謹慎篩選的媒體敘述，他也經常引用禮儀書籍，包括艾蜜莉·波斯特的著作。

高夫曼將艾蜜莉·波斯特的著述當作他公共行為分析的權威資料，並熱切地捍衛此決定。他主張，禮儀書籍的規範實際影響著中產階級的行為，是「關於美國公共行為結構的少數建議來源之一」[5]。如同高夫曼一再觀察到的，能否提出適當理由是社會能力的重要指標。另一方面，如果無法提出適切理由，通常會造成嚴重窘境。高夫曼針對他所謂「敘述」(accounts)的分析著重於修復或掩飾明顯可見的錯誤及疏忽，不過他的觀察也可以應用於更廣泛的社會互動行為。

高夫曼指出，即興演出的默劇有時可以取代用語言說明理由，他將這種行為稱作「肢體粉飾」(body gloss)。他借用學生的觀察，提出以下例子：

大學宿舍中的一名女生希望收到信，不過沒有人與她通信，旁人可能看到她走到宿舍信箱，假裝預期收到某一封信，卻發現還沒寄到，然後疑惑不解地搖搖頭。不過如果她覺得沒有人旁觀這個無謂的舉動，就不會有這些行為。一名男生出席一場舞會，(如果他能與其他人搭上話)他會說自己只是前往別處的路上經過這裡，以前沒有參加過這種場合，想要體驗一下，他會買杯飲料拿在手上，靠著牆壁啜飲，彷彿只是短暫停留喝杯飲料。一名走進滑雪小屋用餐區的女生希望男士注意到她然後上前搭訕，不過又不希望直接暴露自己的企圖，她會握住太陽眼鏡，假裝拿下來在找人的樣子，不過其實眼鏡原本就好好地架在頭上。[6]

高夫曼理論的特色是，他著重於個人如何管理自己給別人的印象，而不是與他人互動過程中的相互遷就。（不過他對於對話的仔細研究大概是個重要例外[7]。）

高夫曼指出，即便是心理疾病患者，也會花費極大心力說明理由。他根據自己在華盛頓特區一間精神病院的訪談做出結論：經過一開始受到監禁的震驚之後，「患者彼此熟悉起來時，通常會針對自己被留院治療，主動提出較能被接受的理由；同時也會接受其他患者的說辭，不會立即公開提出質疑」[8]。比方說，接受訪談的患者對於自己入院治療的解釋包括：

我上夜間部打算取得碩士學位，同時還要工作，負擔變得太重。

這裡其他人有心理疾病，但我是神經系統出了問題，所以才會出現這些恐懼症。

他們搞錯了，我只是罹患糖尿病，過幾天我就可以走了。（這位患者已入院七週。）

我從小就很失敗，婚後又太過依賴太太。我的問題是沒辦法工作，這是我入院的原因。我之前有兩份工作，一間不錯的房子，錢也夠了。9

高夫曼聆聽這些人與自己和醫護人員的互動時，發現他們多將自己定義為陷入某種困境的正常人，而非精神疾病患者。

高夫曼的描述令我想起自己很久以前的經驗。大概就在高夫曼於賓州一間醫院進行觀察的同時，我在波士頓精神病院（Boston Psychopathic Hospital）擔任研究助理（在講究用字的今日，機構名稱已改為麻州心理健康中心〔Massachusetts Mental Health Center〕）。這間大型研究機構會接收比較棘手的病例，患者如需長期監護則會送往其他醫院。我們認為人際關係會影響患者福祉，我的工作主要是在職能治療部門觀察患者與其他患者及職員的互動，工作內容包括每天與患者對話。

波士頓精神病院的患者解釋自己受到監禁的原因，和高夫曼的觀察極為相像。不過有些患者過於焦躁或憂鬱，無法與來來去去的研究人員進行前後一致的對話，也有幾位入院較久的患者已經接受了自己病情的醫學定義（事實上，高夫曼指出，賓州醫院的職員及長期患者皆盡力質疑那些把自己正常化的理由，並要求新進患者接受自己的醫學診斷[10]）。除了上述例外，患者針對自己留院治療所提出的理由，通常是希望能和正常人一樣建立人際關係。

高夫曼針對自我呈現（self-presentation）的傑出研究明顯突顯了本書的主要論點之一：不論透過文字語言、默劇或兩者綜合來說明理由，都屬於一種自我呈現，而且與人際關係息息相關。假如從表面來解讀高夫曼的研究，你可能會以為：所有重要過程都發生在個人內心之中，人們的主要目的是安撫自己並理解世界。如果只是這樣解讀，很可能會大幅低估信號接收者的重要性，例如焦慮不安的人就會透過表達出不安的信號，試圖操縱接收者的反應（或至少預期接收者出現某些反應）。整體來說，高夫曼觀察到人們會透過表現出某些行為，以試圖正常化自己與他人的關係。

羅伯・艾格頓（Robert Edgerton）效仿高夫曼模式所做的近乎被後人遺忘的研究，更突顯了我的論點。他發現智能障礙者也會隱藏自己的狀況。這些研究對象之前曾留院接受過治療，他們可能有閱讀障礙、不會數錢或不會看時間，不過仍會提出旁人易於接受的理由來掩飾自己的不足。艾格頓將這些理由稱為「堪用的藉口」(serviceable excuses)，他寫道：

> 幸好在多數情況下，這些患者出院後都能提出堪用的藉口。比方說，我們觀察到一位女士兩度在超市裡以方才喝酒因此眼睛無法對焦，來解釋自己看不清楚標籤（其實是看不懂）。還有一個藉口極為通用，這些出院的患者經常使用。當他們躲不開閱讀的情境時，一開始他們會做做樣子，然後表示自己忘了戴眼鏡，因此看不清楚文字。而樂於助人的正常人通常會接受這個藉口，並大聲替他們朗讀出來。[11]

我去雜貨店時偶爾也會忘了戴眼鏡，而看不清楚標籤文字。所以我認為艾格頓的描述相當可信；在我記得戴眼鏡時，如果有人請我幫忙看標籤文字，我會很樂於幫忙。堪用的藉口有助於讓原本可能被忽視、或遭受汙名化者的人際關係正常化。

類似的理由策略也適用於請人幫忙看時間：

與其詢問：「現在幾點」，這些出院的患者會問：「九點了嗎？」這個問題的答案可能包括：「還有幾分鐘」、「早就超過九點了」或是「現在八點而已」。這些回答都不太會造成混淆，因此第二種問法常被智能障礙者採用，他們還會搭配看看手錶的動作，以及「我的錶停了」這樣的臺詞。即便不會看時間，多數智能障礙者還是會戴錶。詢問時間時，他們就可以看著自己的錶，懊悔地表示手錶停了，這樣的動作很有幫助。正如有個常戴著壞了很久的錶的人所說：「我會問他們：『九點了嗎？』然後補充我的老手錶停了，他們就會告訴我距離某個時間點還有多久。如果我沒戴著那隻舊錶，別人只會覺得我要討錢，然後快步離開。」12

這本書的讀者當然都看得懂雜貨標籤或認時間，不過我們突然暴露出某方面的不足時，也常會透過口頭提出（或用動作演出）合適的理由來加以隱藏，比方說：「抱歉，我以為這是韋伯先生的辦公室」、「陽光太刺眼」、「這個鎖老是卡住」等。如高夫曼和艾格頓所指出，我們會透過說明理由來避免難堪，藉此證明我們與他人之間的關係並非表面那樣。

不過這樣的理由不一定代表個人具備社會能力，在某些情況下正好相反：這些理由顯示我們確實能力不足，不過原因情有可原。我的錶停了，所以我不知道現在的時間；我忘了戴眼鏡，所以才看不到標籤；我生病了，所以今天沒辦法去上班；我是外地人，所以沒辦法幫你指路；我剛剛買公車票花掉最後一塊錢，所以沒有錢給你；我有閱讀障礙，所以需要額外時間才能完成考試。說明理由能夠定義（或重新定義）當事人之間的關係，更精確來說，說明理由能避免當事人之間的關係落入高風險、高成本、令人困惑或難堪的情境。

如社會學家薇薇安娜．澤利澤（Viviana Zelizer）所述[13]，當事人若是處於模稜兩可的關係中，通常會堅定（但不一定有意識）地劃清界線。她指的主要是包含金錢交易的各種親密關係，大家最先想到的就是求愛和性交易這兩種關係。澤利澤指出，關係中的當事人會透過某些行為及象徵來盡力地捍衛界線。假如當事人對於關係的定義意見相左（是求愛還是性交易，還是兩者兼具），那就會出現問題。這時，說明理由就會成為協商合適關係定義的一部分，理由能標明界線。

慣例的運作方式

慣例和其他類型的理由有兩個差異：接受慣例不需要或鮮少需要技術知識；慣例重視的是適切性而非充分因果關係，慣例倚賴廣受認可的公式。我們所提供及接收的慣例，大多都有過程簡短及缺乏後續討論的特徵。當接收方提出質疑時，原因通常不是因果關聯不足，而是因為接收方認為此處的理由不適用於當下的社會關係，比如，當精神科醫師拒絕患者正常化自己入院的原因時，作為接收方，他的反應不是「別跟我講**這個**」，而會是「別跟**我**講這個」。

禮儀、保全面子的默劇、精神病院患者以及智能障礙者的計策，證實了慣例運作的方式有四大重點原則：

1. 是否接受慣例理由，無關乎其是否屬實，更無關於其解釋力，而是在社會情境下是否適切。

2. 尤其，慣例主要會因提供者與接收者之間的關係，而各有不同，是否能被接受也很大程度地取決於此。
3. 然而，慣例的提供與接受對雙方與彼此的關係有著重要影響。
4. 慣例的其中一種影響是能正當化某些實踐；而這些實踐可能並不相容於其他理由，及／或不相容於其他關係。

我們再來進一步檢視這四個原則。

要考慮理由在某種社會情境下是否適切，就要釐清誰可能在觀察理由說明的過程，以及他們對於提供理由者可能有怎樣的推論。高夫曼的「肢體粉飾」例子顯示人們會防衛性地投射自我形象，假如四下無人或自己能夠隱形，他們就不會投射這些形象。

高夫曼提出的肢體粉飾也顯示，慣例不一定會用到文字，符號、物品和肢體語言也都能帶來同樣的效果。傳播學者詹姆斯．卡茲 (James Katz) 和馬克．奧胡斯 (Mark Aakhus) 提出一個例子：

> 我們停在紐澤西州普林斯頓 (Princeton, New Jersey) 一處工地，開始不自覺地觀察起那裡溝通的情境。我們自己都還沒完全意識到，就在那一團吵雜的混亂中輕易認出負責人。那人將近五十歲，肥碩的拳頭中握著行動電話。不過我們不是因為行動電話而認定他就是負責人，畢竟多數工人的皮帶上都掛著手機或呼叫器。但這位主管則是將電話拿在手上，短而粗的天線彷彿另一根手指，到處指來指去……他手中握著行動電話，代表他無意拿起別的工具或進行勞動。他用電話天線指點、打手勢，彷彿一位十九世紀的英國軍官，用馬鞭指揮某人前往某處或做某件事。[14]

閱讀卡茲和奧胡斯的文章，我突然發現自己也會在無意識之中採取同樣有效的理由提供策略，各位讀者大概也都有同樣的經驗。我的辦公室門上沒有透視窗，如果我在講電話時有人敲門，多年來我的作法是向電話另一頭的人說明有人敲門，放下電話，走到門邊，打開門，請訪客稍等我講完電話，然後走回電話邊；這個過程總共花費約一分鐘。講電話時，我也常需要放下電話去找某本書、某篇論文或檔案，因此會需要中斷談話。

有一天，我突發奇想，到附近的電器行買了條二十五英尺長的電話線，換掉原本短的電話線，於是我的生活出現小小的改變。現在我不僅可以一邊找資料，一邊繼續通話，當我前去應門時，也不必放下電話，訪客看到我拿著電話就會立刻知道我在講電話，他們通常會對打斷通話表示歉意，然後示意自己會在門外等候，我不再需要說明理由。當然，假如訪客是我久未見面的好友，我還是會打斷電話另一頭的人，向對方道歉並說明原由，然後根據通話的性質請友人進辦公室等候通話結束，或請他們在外面稍待。不過對多數訪客來說，手中拿著電話就能省下我開口的力氣。

如果我是在路上用手機講電話時遇到朋友，就得採取不同的理由說明策略。如果我在路上遇到講電話的朋友，他們通常會對我微笑、揮揮手，然後繼續講電話。如果我們之後不久還會碰面，微笑和揮手就足以表示自己現在很忙，沒空和我說話。提供慣例類型的理由時，場合也很重要。我們至少可以從以下四個方面來區分場合：

正式（例如：教堂）vs.不正式（例如：公園）

公共（例如：街道）vs.私人（例如：自家廚房）

疏遠（例如：辦公室）vs. 親近（例如：自家）
陌生（例如：陌生城市）vs. 熟悉（例如：附近鄰里）

請想像自己在以上各種場合中突然感到一陣暈眩噁心，想要向在場的旁人解釋為何需要就近取得嘔吐袋。在各個場合中，原因都是一樣的，不過適切的理由會有所不同。

政治環境也會影響人們在公開場合中所提供的理由是否適切。菲利浦·摩斯（Philip Moss）和我那位身為勞動經濟學家的兒子克里斯·蒂利（Chris Tilly）進行（或監督）上百場訪談時，訪問了底特律、舊金山、亞特蘭大和波士頓等地的雇主如何處理技能相對不足的員工。他們想要瞭解，雇主對於不同種族及族裔之間技能差異（廣義來說就是可能影響工作表現的個人特質）的看法，多大程度以及如何影響了他們篩選人才的過程。研究者很快發現，雇主考量聘僱的相關標準時，除了學習認知能力和技術能力外，也會將「軟技能」納入考量，這包括員工的互動方式與動機。許多雇主認為不同族裔或種族之間的軟技能有大幅差異。

不過在重視政治正確的一九九〇年代，雇主說明聘僱理由時，不會提到個人對於族裔和種族的偏好。摩斯和蒂利指出：

沒有一位雇主表示：「我不喜歡黑人」或是「我比較喜歡僱用和自己相同族裔的員工」。不過有許多經理卻發表「黑人比較不可靠」或「移民工作比較賣力」這種言論。沒有人會說：「我不想在拉丁裔社區開業」，不過很多人主張：「假如我們在內城區❶開業，還是得從郊區吸引勞動力。」這類言論結合勞動技能的客觀評估與種族刻板印象，而且很難明確區分兩者之間的界線。[15]

由於執意問到底的訪問者是高教育水準的陌生人，他們詢問的又是聘僱過程中關於種族與族裔的明確問題，因此雇主會感覺自己身處公開場合。在電話訪談中，雇主很少指明一般情況中不同種族或族裔之間的明確差異；不過面對面訪談時，同樣的雇主常會提出差強人意的絕對理由，指出不同種族或族裔的員工之間，其技術與軟技能一般存在

❶ 譯註：以少數族群為主的低收入地區。

著顯著差異。請他們解釋造成這種差異的原因時，雇主通常不會提到基因或文化，而是把原因指向教育、家庭結構、其他工作機會、與福利機構的接觸、鄰里影響、先前工作經驗等——簡而言之，就是公開討論種族及族裔不平等現象時，常會提及的那些因素。

不過摩斯和蒂利所訪問的雇主不是社會科學家，表達方式也沒那麼精確：

> 西語裔族群的工作意願更高，他們願意長時間工作。我覺得我認識的西裔人士對工作盡心盡力。（波士頓地區金屬加工店）
>
> 亞裔勞動力是國內最新的移民族群，我在他們身上看到完全不同的工作態度。你要他們發揮三倍工作效率，他們就會發揮三倍工作效率。（波士頓地區工廠）[16]

當然，摩斯和蒂利瞭解，他們詢問的問題很敏感。以下是和亞特蘭大地區　間教育機構文書主管的訪談片段：

訪問者：同一地區有幾位受訪者談到黑人及白人員工的差異，可以請你就此發表評論嗎？

受訪者：（無法辨識的低語聲）

訪問者：訪談內容不會公開。

受訪者：我知道……，我猜你聽出來我有點迴避話題。這其實要看個人，不過這的確是我們碰到的一個問題，那個……很多……但也不能一概而論……絕對不是這樣。不過不幸的是，多數出現問題的情況經常涉及少數族群。我去把門關上，以免有人經過走廊。[17]

顯然，受訪者擔心給出錯誤的理由。不過研究人員也面臨一個嚴重問題，他們必須區別表面的理由與「真正」的理由。和許多社會學研究人員一樣，他們試圖在慣例形式的證詞中探求（或至少確認）技術描述。不過關於本書所討論的議題，他們的發現具有重大意義：適切的理由依社會情境不同而有極大差異。

不過摩斯和提利的研究結果其實更具深意。在各種社會情境中，理由**和關係相配與**

否，其重要程度超乎一般禮儀。重要他人不僅會根據理由來形塑對提供者的一般印象，同時也會評估理由提供者的訊息中表現出什麼樣的關係特性。在醫病、夫妻、素昧平生的火車乘客、運動隊隊員、警民或師生等各種關係中，當事人可接受的慣例也會大大不同。對於交通警察來說，「警官，抱歉，我沒看到號誌」的表示可能就夠了，不過諷刺的是，這樣的答覆不一定能滿足伴侶。在摩斯與蒂利的訪問中，雇主都仔細審度了自己與學術研究人員的關係，據此提供相配的理由。

關係是否平等、親疏遠近對理由的適切性有極大影響。位高者的行為損害或威脅位低者時，前者的理由可以很草率，就連家長向叛逆的孩子說話時，有時只需要一句「因為我說了算！」就夠了。反之，位低者出現過失或做錯事時，通常必須向位高者提出正當理由與歉意（不論真心誠摯與否），例如：「老闆，抱歉，我剛剛沒注意。」對等的雙方向彼此說明理由時，通常至少要表現出互相體貼，例如：「不好意思，我沒發現你在等我。」

傑·卡茲(Jay Katz)醫師檢視醫病關係時，提到自己與一位外科醫師的對話，他們談到現行乳癌治療知識中的眾多不確定性。他詢問這位外科醫師會如何與面臨治療方式選擇的患者溝通。這位同行講述自己幾天前與患者的實際對話：「談話一開始，我簡短提到了有幾種可行的替代治療方式。接著我向患者補充表示，除了切除手術外，沒有一種替代選項值得認真考慮。我很快地讓患者瞭解接受切除手術的必要性」[18]。卡茲提醒他方才談論過的不確定性，不過那位外科醫師堅持切除手術就是最佳治療方式。當同事反問他的方法時，卡茲回答，他會花時間和患者討論替代選項，瞭解對方的偏好，最終根據討論共同做出決定。不過那位外科醫師反對這種作法，他主張患者缺乏必要知識，因此可能根據錯誤的理由來選擇治療方法，而這樣的選擇會導致不必要的痛苦；簡而言之，就是他比較懂。卡茲和外科醫師朋友的對話顯示，他們對於醫病關係分別抱持相對平等或不平等的觀點，也正因如此，雙方對於醫師說明理由的適切方式意見相左。

除了平等與否，關係的親疏遠近也對說明理由的方式深有影響。疏遠的關係適用敷衍的理由，詳盡的理由反而會令對方難以理解或是感到唐突、尷尬。另一方面，關係親近，一方通常就會期待另一方提出愈詳細的理由；提出慣例的那一方受到質疑時，也愈需要提出敘事、規範或甚至是技術描述加以補充。比起對於陪審員，戀愛關係中的當事人需要向彼此提供更詳盡的理由，以符合其互動方式。

提供與關係相配理由的壓力極大又如此普遍，以至於我們很少意識到自己在這麼做。不過當不相配的理由出現時，這一點就會特別突顯。社會學家琳達．韋伯（Linda Weber）和艾莉森．卡特（Allison Carter）在研究人們如何協商人際信賴時，他們訪問了年齡介於十歲到六十歲間的十九位女性及二十位男性，瞭解他們近期的親密關係。以下是一位年輕女子雪莉（Shelley）與其男友的經歷：

那時候……一切都……我們變得很親近，因為我們之間有很多共同點，就好像……天啊，能找到這樣的人真的很神奇。不過之後他突然不再打給我，我覺得他欠我一個解釋。三個禮拜後，我終於得到一個說法，不過那是我窮追不捨才得到的答覆。他向我解釋，我也接受，但你知道，我出局了，某個人再次回到他的生命中，她對他下了最後通牒……。我們長談一番，他瞭解我的想法，他說，你知道好笑的地方是什麼嗎？我說，什麼？他說，我本來要選你。我說，你錯了，你從來就沒有選擇。我說，你沒回我電話的第一天，你就沒有選擇了。他說，可是你還是一直打來。我說，你沒得選，我只是要討個解釋，你欠我一個解釋。[19]

雪莉拒絕用情不專的男友，原因不是他提出的理由不實，而是因為男方對其關係的看法是，他可以選擇投入或抽離感情，女方卻沒有這個選項。

這點出慣例運作的第三個原則，以雪莉和前男友的關係為例，理由的說明可能**影響**當事人的後續互動。影響可能很細微（當下的惱火），也可能很嚴重（終身譴責或分手）。理由之所以能對關係產生影響，是因為理由可以定義一段關係，同時能正當化一方對待另一方的行為。理由、關係與實踐緊密相連。

急診室員工運用理由的方式

在許多機構中，說明理由扮演分配優勢與劣勢地位的重要角色。一九七〇年左右，朱利爾斯．羅斯（Julius Roth）及其研究團隊考察了美國東北部及西岸的六間醫院急診室。他們想瞭解急診室員工對於患者道德資格的判斷，如何影響患者所獲得的治療。研究人員發現急診室員工會對患者進行區分，舉例來說，疑似酗酒者及遊民會受到差別待遇。他們也發現，如果急診室患者原本就是院內某位醫師的病人，該患者快速獲得有效治療的機會就能大幅提升。

羅斯及其共同研究者也發現，醫護人員會明確區分某項服務是否屬於其份內工作，也就是明確區別合理及不合理的要求。羅斯指出：「假如患者不符資格，又提出不合理要求，此時對於患者的負面評價就最為強烈。因此，同樣在繁忙時段提出輕微醫療投訴的兩位患者，其中一方若領取福利救濟，另一方則是『受尊敬的好公民』，那麼前者會受到更嚴厲的譴責」[20]。即便在危急時刻，醫護人員和患者也會針對彼此關係的適切定義進行隱微的協商。

在這些關係定義中，理由說明扮演著重要角色。理由能正當化差別待遇：

私人醫院的護理人員應付主治醫師的自費患者時，他們相對於患者的地位不如公立醫院員工那麼具有權威；因此他們不太有辦法要求患者快速服從其指示。在這種情況下，他們採用的是更為隱晦的控制方式。最常見的機制是讓患者在流程或治療的一或多個步驟中等待。患者通常無法確認等待的原因是否屬實；因此，這對護理師來說是一種相對安全的方法，護理師可以藉此控制患者對他們的要求，甚至用這樣的方式「報復」提出不合理要求或出於其他原因而被判定為不符資格的患者。[21]

羅斯的觀察符合我自己在醫院急診室的體驗（還遠高於我的預期）。意識清楚的患者會提出自己來到急診室的理由，意識不清的患者則由家屬替他們說明，檢傷護理師負責釐清這些理由，同時也會提供自己判斷的理由。混亂的治療區中，迴盪著各式各樣的理由，且隨著理由提供者與接收者關係的不同而有極大差異。

紐約《泰晤士報文學增刊》(*Times Literary Supplement*) 記者麥可．格林堡 (Michael Greenberg) 敘述與長年患病的哥哥史帝夫 (Steve) 前往急診室的經驗：

那天傍晚，他驚慌地打給我。他在走去浴室的路上跌了一跤，只好大聲呼救，鄰居聽到聲響後過來扶他起來。我隨即趕往他的公寓，帶他前往醫院急診室。院方行政人員將他的名字輸入電腦後皺了皺眉頭。顯然近幾年，史帝夫好幾次因為「幻想疾病」出現在醫院，每次都被敷衍打發。現在我們被排在等候名單的尾端，也就是急救處理的最後一層級。五、六個小時後，有人領我們到內部檢查室，幫史帝夫的大腦進行電腦斷層掃描。結果一切正常，醫院請我們回家。[22]

電腦吐出的資訊與患者及其弟弟所提供的理由並不相符，於是他們只好在醫院裡等了又等。

我在第一章提到，理由會對關係產生四種影響：建立新關係、確認現有關係、協商關係的共同定義及修復關係，而急診室的理由說明牽涉到以上所有影響。在多數情況下，不適的患者及其陪同者會接受醫院員工所提出的專家–患者的關係定義；因此，他們會舉止合宜，扮演成服從的患者，並接受醫護提供的理由。而醫護人員以名字稱呼患者，卻用姓氏尊稱醫師，這樣的慣例更強化了雙方的不平等關係。

不過，患者或其權益倡議者會試圖協商雙方的關係定義，比如，被歸類為「病情不嚴重」的患者可能會要求院方肯定其病情的嚴重程度。偶爾，其中一方也會提供理由，希望修復受損的關係；例如，醫院員工原先誤以為只是常見的酒醉，後來卻發現對方是大人物或是神經疾病患者，因而向他們道歉。我之前到大學附設醫院的急診室就診時，當醫院員工發現我是醫院所屬大學的教授（代表我們之間的關係定義有所變更），他們對待我的方式有時會大幅改善。

我在急診室的觀察也印證慣例運作的第四個原則：**慣例能夠正當化某些不相容於其他理由及／或關係的實踐**。到目前為止，我針對理由說明的敘述還只限於當事人都認同其關係本質的情形，他們據此尋找與此關係相容的適切理由。多數時候的確是如此運作；社會化的人很小就能學會根據場合和關係提供合適的理由。不過，以雇主、疏遠的伴侶和急診室員工來說，這些關係另添變數。這些關係中的當事人會透過互動來協商關係的定義以及關係中相應的實踐，其方式通常很隱微，不過有時也可能明顯可見、怒氣沖沖。在極端情況下，為了維護其珍視的實踐或特權，其中一方會否認原本適用的關係：「夥伴，抱歉，不過我們公事公辦」、「規定就是規定」、「我只是聽令行事」等。在這些情況中，一方正當化其行為的理由，可能會使另一方失望或受傷。

實踐與理由相容是很重要的。擔任大學教師多年來，我有時候得評估學生遲交、缺交、誤解、搞砸或明顯剽竊作業的各種理由。「我的作業被狗吃掉」的理由不曾出現過，不過倒是有許多學生的學期報告被水沖走、遭竊或是因硬碟毀損而遺失。我對理由所做的評估（以及我和學生的協商）可能危及他們的分數、在班上的地位、能否畢業，在極端情況下甚至可能影響他們的學業能否繼續。不過整體來說，我接受或拒絕學生提出的理由，通常沒對他們造成什麼嚴重影響。

相較之下，我在韓戰時擔任美國海軍兩棲中隊的出納官，情況則有所不同：處理他人的金錢是一件非常嚴肅的事。的確，發薪日時，我別無選擇，必須向這八艘船上的士兵支付薪水。我從保險箱中把錢搬出來，裝入大皮箱裡，和士官長佩戴著裝有子彈的點45口徑手槍，逐船發放薪水。不論我和領薪者的關係好不好，都得發錢給他們。我清點出文書官計算的應付金額，讓大家輪流簽收。在這個受制於規定的情況中，理由沒什麼重要性，或是說，我們都把規定視為理所當然。

不過在其他情況下，我享有意外的裁量權。水手常前來要求預支薪水，原因包括個人急需用錢或支付差旅費用，理由千奇百怪。不過政府幾乎每天都修改相關規定，作為當地規章的監管人，我們需要在規章複本手冊上修改原本的條文，然後押上姓名縮寫與日期，或是將中央機關寄來的新頁面抽換進去。因此，這本手冊彷彿一本大型活頁字典，上頭寫滿了註記。

我很快發現，規定之複雜與朝令夕改讓我握有大權。因為我和士官長是少數確實瞭解規則的人，而我本人又得對錯誤的付款負責。假如某個糾纏不休的水手在不恰當的時機提出預支的要求，我通常可以找到法律上的理由來拒絕他。我彷彿會計師喬班，手按著大部頭規定手冊信誓旦旦地表示，市政法不允許他授權讓我拍攝米蘭檔案庫的文件。當然，假如要求預支旅費的是中隊司令官，他通常可以得償所願。我裁決理由，以及判斷他人理由是否正當的能力，還是會受限於權力。

正當化實踐

理由、關係與實踐有何關聯？其實這三者會形成以下的三角關聯：

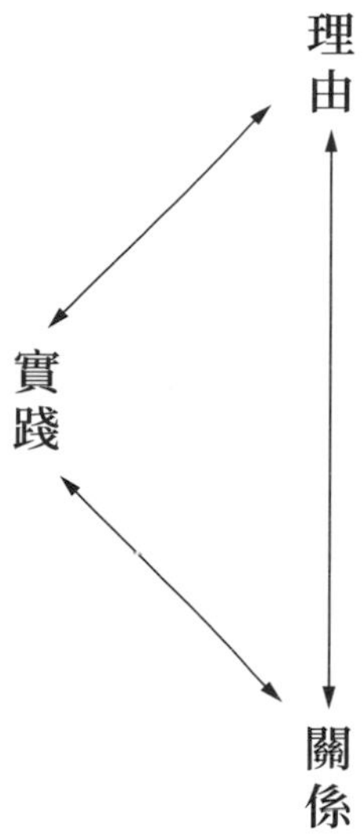

在大部分情況下，人們可以輕易根據關係搭配合適的理由。遇到以下兩種情況時才會出現問題：一、一方提出的理由所顯示的關係遭另一方質疑；二、一方使用理由來正當化某個受質疑的實踐。之前我們看到雪莉質疑前男友提出的理由，因為她無法接受該理由所定義的關係特性；雪莉的反對屬於第一種情況。而身為出納官，我使用法律上的理由來拒絕付款，讓我不必伸出友善的援手；我屬於第二種情況，我需要理由來正當化受到質疑的實踐。

除了慣例以外，敘事、技術描述和規範等所有類型的理由都有正當化的作用。不過透過慣例來進行正當化有一個特性：當事人很少認真把這個理由當成因果描述，通常將之視為對方對於彼此關係、實踐與其間關聯的特性描述。合適的理由代表其特性描述可被接受。

在一份關於人工流產與避孕的權威研究中，克莉絲汀・露克(Kristin Luker)歸納出三種三角關聯：尋求人工流產的女性及男性如何表達雙方關係中理由與實踐的交互影響？露克與受訪者間的關係如何影響受訪者的表達方式？露克本人對於關係、理由與實踐的關聯最終有何認知？

一九六九年，露克在加州郊區一間避孕診所擔任接案初談員。在兩個月的工作期間中，露克面談了眾多避孕或治療性人工流產申請者，其中有三位的避孕行為令她感到驚訝。她們都是中產階級、非天主教的白人女性，前六個月內都已經接受過人工流產療程。這三位女性之所以來到診所，是因為她們懷疑自己懷孕，而可能需要再一次人工流產。由於她們前一次人工流產時，都已接受過避孕衛教，也沒打算靠懷孕逼婚，顯然也沒有精神問題，因此疏忽、階級、種族、宗教、心理失常，及／或求愛失敗等尋求人工流產最常見的理由都不適用於此。

這幾個反常例子驅使露克展開自己的研究，她來到加州北部一間由計畫生育聯合會／世界人口組織(Planned Parenthood/World Population)贊助的避孕暨人工流產診所，針對那裡的個案進行研究。她的研究工作分為兩階段：首先分析診所內五百位女性患者的病歷，接著訪問其中五十位女性，部分受訪者由其丈夫或伴侶陪同，另外還訪問了十位在灣區私人診所看診的女性患者。(在少數幾個案例中，露克也會單獨訪問受訪者的丈夫或伴侶。) 露克訪問的女性都採取過避孕措施，儘管具備相關知識，卻仍在瞭解可能後果的情況下沒做好預防，用她們自己的話說，就是選擇了「冒險」。其中一段訪談對話如下：

訪問者：你採用什麼避孕方式？

受訪者：我們算安全期，這很可笑，因為我們都知道這可能發生什麼後果——也**確實**發生過。兩個應該不算笨的人居然碰到這種事兩次，真的很神奇。[23]

不過在另幾個案例中，情況就沒有那麼「神奇」了。由於一九七〇年左右的避孕技術主要為保險套、體外射精、安全期、事前避孕藥、由醫師安裝的子宮內避孕器，以及性交後用於陰道的殺精泡沫或灌洗液。對於同居情侶來說，這些選項都有賴雙方程度不的同意與合作——也就是會受關係影響。

訪問者：男方對於安全期有何看法？

受訪者：我們在危險期禁慾是因為我們不想要使用人工的東西。

訪問者：人工？

受訪者：就是對身體造成化學影響或是要安裝在身體裡的東西。[24]

理由、實踐和關係顯然會交互影響。性伴侶在這個過程中定義彼此之間的關係。不過，不僅是伴侶之間的關係會造成影響，第三方有時也扮演著重要角色，例如個人或伴侶的天主教家庭。即便沒有天主教禁令，人際網絡也會造成影響：

訪問者：你說你之前有吃避孕藥，只是吃完了。那你當初是在哪裡拿到藥的？

受訪者：西南市（Southwest City）的一間家庭計畫診所。

訪問者：那你怎麼沒再去拿藥？

受訪者：因為我爸……我們住在小鎮裡，醫師和牙醫彼此熟識，我如果去找其他醫師，他一定會知道的，我不想讓他難過。[25]

露克從兩方面來瞭解關係－理由－實踐之間的三角關聯。首先，受訪女性描述了她們與其男性伴侶之間的關係，以及如何因應這段關係採取各種（不完全有效的）避孕措施。其次，儘管露克富有同理心，不過在此她的形象是一位知識淵博的年輕女性；受到其身分影響，受訪者在討論時也會帶有一些將自己的實踐正當化的意味。

露克從以上兩個角度進而反思，針對關係、理由和實踐的關聯提出自己的分析。她做出的合理結論是，有許多不同原因可能導致具備避孕知識的女性意外懷孕，這些原因大多都有以下三個共同點：

- 與伴侶在性及社會上的互動，增加了避孕的感知成本 (perceived costs)。
- 當伴侶持續採用冒險的措施卻成功避孕，雙方對於受孕風險的預期就會逐漸降低。

- 假如懷孕，女性（有時是伴侶雙方）開始認為人工流產是可行的替代作法。

伴侶雙方也會隨著關係演進調整其理由與實踐。不過在演進過程中的任一時間點，同居情侶針對避孕（或不完全有效的避孕）措施向自己或他人所提出的理由，相較於解釋因果關係，更多地是為了正當化其行為。關係－理由－實踐之間的三角關聯持續發揮著作用。

作戰計畫的理由

三角關聯在更大規模的層次上同樣應驗，影響也會比小情小愛、急診室、兵役和人工流產診所來得更為深遠。三角關聯還能用來說明美國的作戰計畫。史丹福大學(Stanford University)社會科學家及軍事分析師琳恩．艾登(Lynn Eden)在其艱澀但引人深省的著作中，討論到二戰以後美國核武計畫對於火災損失的考量。知情觀察者提出證據指出，自廣島與長崎的核彈轟炸以來，在都會地區，轟炸引發的火災所造成的死傷及損失超過最初的爆炸本身。不過軍事規畫者計算核子武器造成的損害時，至今仍例行將火損排除在外，因此核武策略也不會考量到這一點。他們計算的可能損失只限於最初爆炸的影響範圍。由於部分損失被排除在外，因此如要達到特定傷害，根據現行估算方式得出的所需火力至少是實際需求的兩倍以上。這意味著實行特定核武計畫時，武裝部隊的軍備程度是實際需求的至少兩倍左右，軍事支出也會是兩倍貴。而這些都是出我們繳的稅買單。

為什麼會這樣呢？和露克一樣，艾登也自行建構出因果關係的技術描述，我們稍後會進一步討論這種理由類型。尋求火損遭到忽視的原因時，艾登先排除了一些明顯的因素：

- （一直以來，許多專家認定）火損相當難預測，無法納入軍事學說中。
- （一直以來，同一批專家認定）爆炸所造成的損傷極大，因此火損只是次要傷害。
- 火損的現有證據過於薄弱，無法進行可靠推論。
- 現有電腦無法處理這個問題的複雜程度。

▪燃燒的戰爭手法極不道德、引發心理反感，因此沒有人願意思考這個議題。
▪低估核武傷害對空軍具有組織上的利益，他們可以藉此要求對武力及空中火力的更高額投資。

艾登並未直接採納以上原因，她主張火損的盲點來自軍事組織結構及流程本身。她引用對非軍事組織行為及科學實驗室的相關研究，建構了關於軍事組織在自欺欺人的新穎解釋。她也採用了由厄文．高夫曼[26]引進社會科學的「框架」(frame) 理論。艾登說明，組織結構建立的「框架」只聚焦於某部分資訊，排除掉大量其他資訊，而這些被篩選掉的資訊其實會大幅影響其運作。雖然她沒有直接指明，不過艾登也指出，在特定關係中適用的某些理由能夠正當化軍事組織的實踐，儘管這些理由在其他情境中就會顯得荒謬。

一些工程師和物理學家對二戰以降燃燒彈轟炸所造成的火損議題相當熟悉，艾登訪問過其中幾位專家。他們認為美國的核武學說在這方面相當令人吃驚，甚至是令人擔憂，不過這些專家的見解並未獲得軍方注意。二戰時期，這些組織成功運用空中火力將戰爭推向和平時代，接著歷經冷戰，機構內建的盲點已然成形：

戰爭時期的空軍有個最根深蒂固的假設，他們認為應該以慣例的空投武器所產生的爆炸效應來摧毀要害目標體系中的特定工業等設施。戰後對於原子武器的認知也延續了此觀點：目標是特定設施，而摧毀機制是轟炸。精準轟炸與爆炸損傷的關聯是歷史性的。由於二戰初期即以精準轟炸為優先目標，因此比起火災損傷，爆炸損傷的相關知識較早就開始累積，以致戰爭尾聲時，對於爆炸損傷的預測精準度更高。這些對於目標及摧毀方式的認知，到了戰後，即成為提升組織損傷預測能力、獲取及建構相關知識與常規的基礎。[27]

同一時期，美國火災預防專家社群運用對地面火災的原有知識與實踐，來分析核彈造成的火災。他們沒有意識到，核彈爆炸會引發強大的風暴，使火災蔓延到爆炸點之外。因此，儘管知識淵博的消防工程師何瑞修．邦德（Horatio Bond）自一九五〇年代晚期就開始不斷呼籲，仍難以使其同行明瞭核武攻擊火災效應的獨特性[28]，同業不願採納他的理由與實踐。

這一切看起來驚人地短視，不過你不妨也好好審視自己所處的組織。我大半職業生涯都在大型公立大學教書。如果你仔細檢視大型公立大學，很快就會發現有眾多組織安排是奠基於過去世代對於未來可能情況、教育能力、個人偏好的假設，也會發現，要搜集這些安排所造成實際影響的相關資訊有多困難。不信你看看校際足球賽、大學主修和學力測驗有何教育根據！

在核武傷害的案例中，理由、關係與實踐之間的交互作用確實發揮影響。因為美國軍事組織決斷地引導著談話諮詢的對象，決定誰能擔任可靠的代言人，藉此使理由與實踐保持一致。至一九九二年，聯合戰略目標計畫處（Joint Strategic Target Planning Staff）副處長、海軍中將麥可・科利（Michael Colley）終止在核武傷害的標準模型中採計火災效應，儘管納入火災效應是獲得科學背書的作法。一九九三年被問及何以做此決定時，他告訴艾登，火損在俄羅斯（當時仍是核武攻擊學說的主要目標）的效果難以預測。當艾登詢問科利，對發布於一九九一年末的那份近期科學成果的重要簡報有何感想時，科利回答：「琳恩，那份簡報，老實說，我不是很重視……我認為預算有更好的用處……對我來說，那只是持續累積的種種事務中另一個我們不應該花錢的地方，因為沒有必要，那對效果沒有任何助益，攻擊的毀滅效果及完整度已經夠了」[29]。中將的言下之意是，假如目的是透過精準轟炸摧毀選定的位址，那麼最重要的是選擇確定能夠摧毀目標的方式，火損等副作用與此決定無關，爆炸對敵方要害目標的衝擊才是確實相關的理由。二〇〇四年底，美國對印巴核武戰爭可能影響的半官方預測仍然反映了這個原則：只有爆炸才算數[30]。

我們所任職的組織，其影響力雖然不如美國國防部，不過只要我們的工作是處理「持續累積的種種事務」，應該都能對日理萬機的中將感到同情，有太多要求在爭奪我們的心力！不過重點就在這裡：我們能接收到哪些要求、理由、關係及可靠資訊，端視過去建立的組織常規而定，而對此我們少有左右的能力。慣例發揮作用時，是因為它們適切符合當下的情況，而不是因為它能提供實際事發經過的充分解釋。我們多數時候是以慣例來支持我們的實踐，使其被接受，藉此維持與他人重要關係的順暢運作。

不過慣例也有派不上用場的時候，人們有時會要求專精某領域的專家提供規範或技術描述。不過面對令人疑惑、意料之外、戲劇化、問題重重或具懲戒意味的事件時，人們則更常求助於敘事。接著我們來看看敘事的作用。

第三章 敘事

一九七〇年代，電視布道家暨基本教義派機構創建人傑瑞．法威爾 (Jerry Falwell) 享譽全國。一九七九年，他創立的道德多數派 (Moral Majority) 成為美國保守派政治的一股可觀力量。一九八四年，他領導維吉尼亞州林奇堡 (Lynchburg, Virginia) 的托馬斯路浸信會 (Thomas Road Baptist Church) 及宗教色彩濃厚的自由大學 (Liberty University)，同時經營著電臺和電視臺上的《老時光福音時刻》(*Old-Time Gospel Hour*) 節目及其附屬出版社。法威爾及其忠實的信徒堅信基督教《聖經》的字面真理，擁護嚴格的神創論，堅決反對人工流產和同性戀。法威爾藉由生動的布道風格，將他本人和其信眾塑造成抵抗逆境、面對誘惑時，雖然一再動搖，最終還是能靠著上帝的恩慈克服艱難的《聖經》角色。《聖經》的讀者應該都能輕易認出這種公式。為神聖事業犧牲——透過傳遞這樣的訊息，讓法威爾能持續不斷地獲得金援，同時也據此形塑他個人的人生敘事。

以他向信眾表達自己對種族融合的看法為例。法威爾否認自己是種族歧視者，不過直到一九六八年以前，他都在其宗教機構中奉行種族隔離措施。他也不承認一九六〇年代的國會、法院或民運人士改變了他的看法。他曾公開反對過總統詹森 (Lyndon Johnson) 於一九六四年通過的民權法案。當時他主張：

當北方白人大軍進逼南方之際，我覺得自己遭受到了欺壓與不公的攻擊。他們要求我們遵從他們的命令，指使我們該如何經營自己的社群與生活。高等法院、國會和總統突然自以為擁有權利，但這份權利其實早已授予各州。我對此感到氣憤。針對那些每天湧向南方的示威者，我在此要高聲對他們的傲慢、擾亂與暴力行為表示抗議。我決心擁護我們自行決定黑人與白人該如何共同生活的權利。[1]

不過，他宣稱上帝已經開始削弱他對種族隔離的信心。法威爾訴說以下故事：

一九六三年的某個週六早晨，我坐在林奇堡大街李巴卡擦鞋店末端的椅子上。我已經習慣每週六早晨十點請路易斯——一位年長的黑人男士——幫我擦鞋。我非常準時，十點一到就坐到擦鞋椅上。

「牧師，上週我在電視上看到你的布道」，路易斯邊說邊開始擦掉我鞋子上一週以來累積的塵土，「我很喜歡你的布道方式。」

我回答他：「路易斯，謝謝你」，一邊仔細端詳這位六十幾歲的精瘦男士，他灰黑的捲髮映著他臉龐上的明亮微笑。我問他：「你和上帝處得好嗎？」但我已經知道問題的答案。

他微笑著對我說：「很好，上帝很仁慈，對吧？」

每週，路易斯都會和我分享他的信仰，我擦完鞋子離開時都能感受到我身為牧師的使命。不過那個週六早晨，路易斯問了我一個他之前從未問過的問題。

他放低聲音，以免別人聽到：「牧師，我什麼時候可以參加你在托馬斯路的教會？」

此時我彷彿肚子吃了一記拳頭。多年來的第一次，我啞口無言。有愈來愈多黑人家庭聽到我在電視或電臺上的布道，他們偶爾會路過拜訪托馬斯路教會，不過從來沒有人問過路易斯剛剛提出的問題。

這位老先生擦好我的鞋子，扶我站起來，一邊說：「我不想害你惹麻煩，牧師，不過我很喜歡你的布道方式，很希望有一天能親身到場聆聽。」

接下來的一個禮拜和之後的幾個月，我一直想著這個問題。路易斯為什麼不能參與我的教會，我沒有什麼好理由。他很善良，沒有要求我提出解釋，因為他知道這其實沒什麼道理。我只有藉口，沒有理由。[2]

法威爾將這一刻描述為「上帝在我心中的平靜低語」[3]。但過了好幾年，他才把一九六三年聽到的低聲叮嚀付諸實行。法威爾於一九六七年成立林奇堡基督教學院(Lynchburg Christian Academy)，校園施行種族隔離政策。直到一九六八年，托馬斯路浸信會才開始接受黑人教友。此外，儘管也受到其他宗教領袖的施壓，林奇堡基督教學院一直到一九六九年才開始招收黑人學生。路易斯本人則是到過世之前都只能參加他原本的黑人浸信會[4]。即便如此，法威爾表示：「上帝可能透過國會、法院、咄咄逼人的示威者及吵雜的抗議活動來引起我的注意，不過他透過路易斯平靜而友愛的聲音打開我的心胸，為我和我的牧師工作帶來永久的改變」[5]。

法威爾的布道中常運用慣例這類理由，也經常採用神學規範，偶爾用技術描述解釋神創科學（creation science，他的教會藉此來取代演化論）。不過法威爾也一再運用擦鞋故事這類敘事結構來向信徒開示：基督教英雄透過他人的行動或評論意識到自身的過失，獲得神聖啟發，於是痛改前非[6]。法威爾提供了敘事理由。

不只有電視傳教士會講故事，受訪者也很常說故事。信仰虔誠的中產階級家庭主婦貝蒂·戴森 (Betty Dyson) 結婚十一年，有兩個小孩，她向訪問者安·史威德勒 (Ann Swidler) 描述自己的交往過程：

> 我為什麼和我的丈夫結婚，因為他是很合適的對象，在正確的時間點出現在正確的地方。我們在學校認識的，共度很多時光，我們很快就決定結婚、共享人生……
>
> 他很像我父親，我也很像他母親。我覺得我可以跟他分享很多事情，我們的理念和展望都很相似，相處得也很融洽，我們有很多共同的嗜好。我們是好朋友。[7]

如史威德勒所說，她的受訪者提供這類敘述時會從文化中的老生常談取材，藉此鋪陳自己的敘事，不太顧慮精確與否或前後連貫。人們相愛、結婚的敘事總是牽涉某種程度的解釋，多少帶有一絲正當化的意味，也會因為閱聽對象而有所調整。

敘事的優點

敘事能為令人疑惑、意料之外、戲劇化、問題重重或具懲戒意味的事件提供簡化的因果描述。敘事仰賴的是普遍常識，而不是專業技術知識，敘事有助於把世事變得淺顯易懂。就如法威爾說明其宗教機構廢除種族隔離的理由時，敘事通常帶有些許正當化或譴責的意味。敘事是一種特殊的敘述方式，一本關於敘事的標準教科書將其定義為「單一事件或一系列事件的描述」[8]。這種敘述方式會包含行為者、其行為，以及這些行為的影響。敘事通常把重點放在人類行為者身上，假如主角不是人類（例如動物、神靈、機構組織、暴風等實體環境特徵），他們還是會有類似人類的行為，他們上演的劇碼通常含有獎懲的目的。

敘事是人類創造的一項偉大社會發明。在人類的複雜世界中，原因與結果總是錯縱複雜：同步因果、間接效應、環境效應、失誤、無意的後果及回饋都可能讓實體、生理及社會過程變得一言難盡[9]，而敘事能排除這些麻煩的盤根錯節。小說家瑪格麗特·愛特伍（Margaret Atwood）機智地點出經驗和關於這些經驗的敘事有何不同：

當你身處敘事之中，你看不出這是敘事，而是一團混亂；黑暗的咆嘯、一片漆黑、一團碎裂的玻璃與木片；彷彿旋風中的一棟房子，或是撞上冰山或捲入湍流的小船，船上所有乘客都無力阻止。要到事後，敘事才會成形。你對自己或他人講述時，才逐漸形成敘事。[10]

即便敘事傳達的是真相，這種敘述方式也會大幅簡化事件牽涉的過程。敘事將少數幾個行為者、行為、原因與結果獨立出來，使旁人易於理解，說明責任歸屬的效果也比一般科學解釋好得多。敘事可以輕易拆分成更小的片段，只要組合主詞、動詞，有時再加上受詞就行了，例如：

安東妮跑步

或是

山姆打費萊瑟蒂

如此基本的結構方便我們輕易以眾多不同方式重新組合敘事中的資訊，或是將某一片段獨立出來仔細檢視[11]。身為老師，我每天運用敘事。透過敘事，我才能一次只介紹單一元素或關聯，而不必同時呈現令人一頭霧水的整體。不論內容是否為真，敘事可以簡化人類溝通。

亞里斯多德的《詩學》(*Poetics*)是西方第一篇針對敘事的重要分析。亞里斯多德認為悲劇是最高貴的創意寫作形式，談論悲劇時，他提出兩種優秀的情節版本：

> 情節所呈現的行為要不簡單，就是複雜，因此情節可分為這兩類。假如行為是以一連續整體的方式進行，主角命運變化的過程沒有出現「轉折」(Peripety)或「發現」(Discovery)，我稱之為簡單情節；假如出現其一或兩種元素，就屬於複雜情節。轉折或發現都應該出自情節本身的結構，為前情所導致

的必然或可能後果。兩件事的關係是**因此發生**(propter hoc)，還是只是**後此發生**(post hoc)，是有很大區別的。[12]

據亞里斯多德的看法，「轉折」代表狀態發生徹底的反轉，例如前來安慰伊底帕斯的信使，最終卻向他揭露了生父與生母的身分。而「發現」是從無知到有知的轉變，並具有深遠影響，使行為者驚恐或驚喜地意識到原先被隱藏的事實。以伊底帕斯的故事為例，發現（信使傳達的內容）帶來轉折（伊底帕斯意識到自己弒父娶母）。亞里斯多德掌握到敘事的精髓：一或少數幾位行為者；數量有限的行為，透過改變知情狀態引發後續行為；時空的連續性；揭露某個結局或教訓的整體結構。

敘事將主要後果歸因於特定行為者（即便行為者可能是看不見的存在及／或神靈），並依循個人責任歸屬的常見規則：X做出某個行為，因此理應為行為結果獲得獎勵或責怪。敘事與慣例的差異在於前者具備戲劇結構。事實上，敘事與古典戲劇更為相像。敘事的時間與空間通常保持一致，少有時空場合跳躍的現象；且其涉及的角色數量有限，所有後續行為及主要後果都由角色的可見行為所導致。敘事也通常具有道德意涵。

不過我們不必把敘事想成正經八百的布道。敘事可以傳達好消息或壞消息、提供消遣娛樂、聯繫親子關係，也具有教育功能。我以前很喜歡講些（我自認為）詼諧有趣的故事給我四個小孩聽，現在一樣堅持繼續向孫子孫女們講述類似的故事，至少我這個講故事的祖父能在互動中享受到天倫之樂。

「塑膠袋鉤手」伊恩．弗雷澤 (Ian Frazier) 就提供了一則輕鬆的好敘事，描述了他和朋友如何展開行動，取下卡在市區行道樹枝頭高處的塑膠袋。弗雷澤以作家為業，文筆備受讚譽，而他鉤取塑膠袋的業餘愛好是這樣開始的：

> 十多年來，塑膠袋卡在樹枝上的問題一直令我相當困擾。如果說這段經驗讓我學到了什麼教訓的話，那就是「要小心自己注意到的事情」。我當時住在布魯克林；我注意到有許多塑膠袋卡在行道樹枝頭高處，袋子把手飄呀飄的，與高采烈、自信盎然的樣子，遙不可及。注意引發沉思，接著產生發明：塑膠袋鉤取器，這個由鉤子和叉子組成的裝置，再裝上長竿，就能以令人滿意的效率取下卡在樹枝中的塑膠袋等垃圾。我朋友提姆．麥克萊蘭 (Tim McClelland) 在

他位於市區布隆街 (Broome Street) 的珠寶工作室中，製造出第一個可以實際運作的鉤取器。取得工具後，我們就付諸實行；我們馬上展開一場塑膠袋大豐收之旅。[13]

弗雷澤接著講到他、提姆．麥克萊蘭、提姆的兄弟比爾 (Bill McClelland) 如何從巡視紐約市開始，到足跡遍及全美，任務就是從樹上取下塑膠袋等垃圾，在許多地方也獲得官方及環保人士的協助。不過第一段就概括了所有重點，解答我們的疑問：「你為什麼會開始鉤取塑膠袋？」答案如下：

注意↓沉思↓發明↓製造↓使用

這段敘事甚至也透露某種道德意涵：認知到某項需求乃發明之母。

我們已經看到，慣例能夠確認、修復社會關係並合理化實踐。不過敘事還有其他功能：將令人疑惑、意料之外、戲劇化、問題重重或具懲戒意味的事件納入日常生活中。

虛構作品及戲劇的核心是敘事，不過敘事同樣是傳記、自傳、新聞報導、布道、演說和多種對話的重心。具備社交能力的人類熟練於提供符合社會情境的慣例，也能向不符慣例原則的理由提出挑戰；同樣，隨著不斷成長，人類也會學習因應各種情境建構敘事。

可靠的敘事也會因關係及實踐而異：要向聽眾解釋自己為何演講中途忽然思路中斷，你提供的說法會跟向好朋友解釋時不一樣。對聽眾說聲「抱歉，我恍神了」可能就夠了，不過向朋友說明時，你可能得補充：「我注意到第二排的紅髮女子對於我的演講內容感到不滿。」

和慣例一樣，提供者與接收者之間關係的平等或不平等、疏遠或親近也會對何謂有效敘事產生很大的區別。當位低者向位高者提供敘事時，如要使之可信，通常需要提供更豐富的細節與自我辯解。平等的雙方則經常在敘事中明確確認彼此的尊重與理解。疏遠關係中的雙方通常會對解釋的長度與複雜程度設下嚴格限制，而親近關係中不僅經常出現詳細的解釋，也常引發關於這段關係進一步的思考與再確認。

敘事的功用

試試一個簡單練習：選擇兩個你長時間身處的場合，不過請避開經常使用規範或技術描述的場合，例如法庭和實驗室。等候室、通勤火車、咖啡廳和員工休息室都很適合。注意一下這些場合中的人們如何談論令人疑惑、意料之外、戲劇化、問題重重或具懲戒意味的事件。比較你在這兩個場合中的發現，我敢打賭，關於日常的解釋方式，你也會觀察到以下特點：

- 人們常透過敘事來解釋事件；他們不會滿足於一般原則（「自滿招致失敗」）或慣例（「她就是不走運」），即便其敘事最後是以一般原則或慣例作結。
- 敘事中的角色不會太多，只會包含某些角色的幾個行為，並說明這些行為造成的結果，而且敘事發生於單一時間、地點。
- 行為者的性格（而不單純是意外或命運）引發他們多數或所有行為。

- 當敘事者就是主角時，性格的重要性會更加提升。
- 敘事會大量省略事件發生的可能原因、必要條件，尤其還會忽略對事件的其他可能解釋。
- 幾個主軸敘事可能重複發生，例如甲令乙失望，乙很難過；丙和丁打架陷入僵局等，因此聽者通常能猜到後續發展。
- 敘事通常具有某種道德意涵，至少會對一或多個角色給予褒揚或責怪。
- 質疑者通常會針對褒獎、責怪的歸屬或角色性格提出問題（「你確定他是這個意思嗎？」），而非敘事的整體因果結構。
- 隨著情境不同，敘事者所使用的具體慣例和用語大有區別。

簡言之，因為要回應日常生活中有待解釋的事件，就會需要理由提供者所在社會情境中已通行的標準化敘事類型，藉此來說明理由。

和慣例一樣，敘事也會對關係產生四種不同的影響：建立新關係、確認現有關係、協商有爭議或變化中的關係，以及修復受損關係。敘事最常見的功用是確認現有關係；

假如某人必須同時對不同關係的兩方解釋同一個行為，你可以預期解釋者會感到相當困窘；舉例來說，假如你在超市中，在配偶和其他購物者面前把雜貨翻倒一地，通常就得對雙方提出兩種不同的理由。敘事也涉及協商，例如在雙方都不知情下，發現和面試官是大學同學。修復關係時也經常運用敘事，例如某位朋友在有意或無意之間向第三方透露有損另一位朋友的資訊，引發「你怎麼能告訴他們這件事？」的反應。

和慣例一樣，敘事的選擇顯然也會對相關當事人之後的關係有所影響，常涉及對於某些實踐的正當化或譴責。如果我告訴你，某位共同朋友欺騙我，此舉有拉攏你對付那位朋友的作用，同時也提醒你碰到金錢、敏感資訊或重要責任等問題時，不要信任那位朋友。也因此，當我們聽到這類敘事時，通常會感到難過，有時還會不禁向敘事者表示質疑；假如我們接受敘事，就也接受了該敘事對關係的影響。

不過，許多敘事也會發揮正面影響。一九六〇年，民權靜坐示威活動快速傳遍全美，參與者的敘事常提到「自發」的成分：我們突然看到機會，因此雖無事前計畫，仍共同採取行動。之後，社會學家開始興致勃勃地追溯活動地點與民權運動參與者之間的既有關聯[14]。當時活動參與者堅持他們是在一時興起之下採取行動，但其實不然——這樣的衝動帶有一些必要的前提條件。法蘭切絲卡．波萊塔(Francesca Polletta)不僅訪問十多位民運人士，同時也梳理校報、其他出版物、學生非暴力協調委員會(Student Nonviolent Coordinating Committee)檔案中當代民運人士之間的討論。她發現「自發」的成分其實相當有限。

進一步檢視，當時的標準敘事有兩項一再出現的特徵：表面上來看，敘事著重的是靜坐活動的過程、與學生和校園相關的事件；而較為隱晦的意涵是，敘事主張學生民運人士是獨立、前後一致的政治行為者。波萊塔指出：

> 學生一再傳述的關於靜坐示威的敘事中，自發性代表獨立，不受成人領導者、急迫性和地方倡議所影響，其行為來自道德使命而非行政規畫。許多敘事者在公開程度不一的場合中提供關於靜坐示威的敘述，並以自發性為中心主題，描述學生參與者及潛在參與者的行為，在此過程中創造了集體認同，並以此名義採取高風險行動。靜坐示威的敘事（這種敘述類型也相當重要）未指明動員機制，藉此鼓勵採取行動。敘事中關於行動者與能動性的曖昧不明（而非

明確性）成功吸引聽眾。[15]

「曖昧不明」不足以描述這些敘事的重點——敘事者遺漏民權組織、教師、教會等重要行為者，以及他們的介入與影響；這些敘事省略相關行為者、行為及原因，但其中並不缺乏行動者：「我們」成為行動的核心，主要成果來自「我們的」努力。在社會運動內外，關於「我們」如何共同採取行動的敘事一再結合兩個面向：主張成功歸屬於己，並宣揚應受矚目的有功行為者[16]。敘事簡化部分行為者、行為、原因及結果，愈是簡化，其中的道理也就愈發明晰。

敘事的修辭功能

目前我對於敘事的討論只限於敘事者單向發表獨白的情況，彷彿閱聽對象是毫無反應的電視攝影機。這種形象無法反映實際情況，因為敘事其實是對話的一部分，他人也常會介入敘事過程。即便在敘事者看不見閱聽對象的情況下，例如傑瑞．法威爾電臺及電視節目《老時光福音時刻》的聽眾和觀眾，敘事者也會根據閱聽對象的可能反應行事。此處亞里斯多德可以再給我們一些啟發，這次是他的《修辭學》(*Rhetoric*) 派上用場。亞里斯多德認為，辯證將邏輯命題與自嚴謹證據得出的歸納結合起來，目的是提供證明，使之再無疑義。修辭類似辯證，不過修辭是透過例子提出主張，目的是說服。兩者都不等於科學，亞里斯多德認為科學必須建構於無可辯駁的一般原則。

亞里斯多德所謂的修辭分為三類：

政治性 (political)：贊成或反對某個行動方針提案。

法庭性 (forensic)：攻擊某人或為某人辯護。

儀式性 (ceremonial)：讚揚或譴責某人。

在以上三種類別中，有效的修辭不僅需要嚴謹的邏輯，還需要對人類個性與情緒有著精明認知。修辭有效與否視講者、其論點及聽眾之間的關係而定，亞里斯多德點出修辭無可迴避的「關係」性質。

隨著亞里斯多德的討論進入尾聲，他根據自己與聽眾互動的經驗，為演說家提出睿智的建議：

> 至於玩笑（jests），玩笑在爭議中應該有些用處。高爾吉亞（Gorgias）曾說，你可以用玩笑攻破對手的嚴肅，並用嚴肅態度對付對手的玩笑，他說得沒錯。《詩學》對玩笑進行分類，有些符合上等人的身分，有些不符；你的選擇彰顯你的身分。比起嬉鬧滑稽，諷刺比較適合上等人；諷刺者開玩笑來娛樂自己，嬉鬧者娛樂他人。
>
> 結尾分為四個部分，你必須：一、讓聽眾對你有好感、對對手沒有好感；二、強化或弱化主要事實；三、在聽眾心中引發你所需的情緒狀態；四、喚醒他們的記憶。[17]

從這裡我們可以直接得到兩個結論。首先，修辭成功與否端視演說家是否善於評估聽眾對於講者及其論點的反應。其次，即便論點及講者相同，只要聽眾不一樣，效果也不同。兩個結論都導向同一個原則：瞭解你的聽眾並觀察他們的反應。

由於《修辭學》的目標讀者是古希臘城邦的電視傳教士——也就是當時的公開演說家，亞里斯多德並未指明對他來說顯而易見的第三點。在其《政治學》(*Politics*)中，亞里斯多德主張人類的社會性為其天生所有。進一步延伸亞里斯多德的論點，我們應該注意到，多數修辭活動是以雙向對話的方式進行，而非單向的演說。此外，其他對話參與者也經常介入論述過程，對論述的走向表達預期、確認或質疑。而熟練的演說家則會在此過程中持續確認其他參與者如何看待自己的敘事。

記者經過練習，也能成為卓越的修辭學家。在客觀報導的表面下，他們其實是在從事說服的工作。他們經常提及權威人士，為自己提出的解釋背書，強化自己的敘事。我認為，以亞里斯多德的說法來說，他們這麼做能達到以下效果：讓觀眾對記者的敘事產生好感、對對手沒有好感；強化或弱化主要事實；在聽眾或讀者心中引發所需情緒狀態；喚醒他們的記憶。記者亞歷珊卓．凱蒂(Alexandra Kitty)主張，提及權威者可以：一、為敘事增添事實感；二、驗證內線資訊；三、彌補記者並未親自在場的缺點；四、達成記者傳達官方資訊的責任。凱蒂表示：

訴諸權威可以為新聞敘事增添事實感。報導銀行搶案時，目擊者的描述可能深具吸引力，不過其內容也可能有所偏頗或不精準。檢察官或執法機關對事件發表評論能提高敘事的權威性。而顧客客訴商業詐欺案，也比不上政府指控來得有公信力。一般公民的可信度遠不及擁有頭銜職稱的人士。[18]

雖然我不是什麼權威人士，不過記者偶爾會打給我，想要確認報導中的某些內容。記者針對他們所撰寫的內容向我提問時，鮮少詢問事實相關問題，他們通常是想要引用幾句話，藉此強化既有論點。他們需要的是修辭上的協助。

我們很少把醫師當成修辭學家。不過醫師也經常依賴修辭學，尤其是傳達壞消息的時候。我在第一章引用的醫學對談指南讓我們一窺富有修辭技巧的醫師如何確認患者的狀態，這本指南把以下流程稱作「傳達疾病資訊」：

向患者傳達疾病資訊的過程分為六個步驟：(1)探詢患者對於病因的看法；(2)提供基本診斷；(3)回應患者對於診斷的感受；(4)評估患者對於疾病的認知；

(5)提供診斷細節；(6)評估患者對於問題的認識程度。[19]

這個流程描述的是一場對話。展開對話的醫師不只是在宣布一則權威科學意見，還透過與患者對話，說服患者接受其敘事、採取後續的行動方針。

在此過程中，醫師通常需要傳達壞消息。有技巧的醫師傳達壞消息時，會先仔細評估接收方的反應；常見的作法是在宣布性命攸關的診斷前，讓接收者有機會自己意會過來。道格拉斯．梅納德(Douglas Maynard)引用哈克特及魏斯曼(Hackett and Weisman)早期的研究，提供一個引人入勝的例子：

一位女士向醫師抱怨自己頭痛，當醫師告訴她是「神經」問題時，女士詢問自己為什麼會感到緊張。醫師卻反問她；她答道：「因為一年內我體重減輕了快三十公斤，牧師一週來拜訪我兩次，他以前從來不會這樣，而我婆婆變得比以前親切，即便我對她沒好氣。這不會讓你緊張嗎？」接著沉默了片刻後，醫師說：「你覺得你快要死了？」她說：「對啊。」醫師說：「沒錯。」那位女士笑了出來：「我終於突破音障；總算有人告訴我真相了。」[20]

這段對話中，誰的修辭功力更高，各方解讀不一。不過重點就在這裡：這段簡短的敘事——你快死了，身邊人們的行為因此出現一些令你意外的變化——是由對話鋪敘而成，而不是獨白。

藉口、歉意與譴責

即便是例行對話也常帶有讚揚、譴責自己或他人的道德意味。不過，如果其中至少有一方試圖重新協商或修復關係時，敘事中藉口、歉意和譴責的成分就會愈加明顯。假設我和老朋友約吃午餐，結果遲到四十分鐘，等我趕到時，對方如果仍在等我，那我就不能只用紐約人的慣例理由「地鐵大誤點」來搪塞他。我的敘事要能修復遲到對我們之間關係所造成的損害。然而，如果那位朋友最近才背叛我的信任，把我的難堪事告訴了第三人，那我的敘事也會不一樣：我非常生氣，原本不打算來了，不過最後還是決定把話說清楚。在這種情況下，我們會重新協商彼此的關係，甚至可能是結束這段關係。

在研究另一套不同問題時，波．布朗森(Po Bronson)搜集了一系列伴隨著藉口、歉意與譴責的精采敘事。布朗森於一九九〇年代以矽谷為主題，出版了兩本小說和一本記實著作，全都是暢銷佳作。之後他開始考慮轉換方向，並透過新書傳達自己對個人職涯的疑惑，這本書叫作《這輩子，你該做什麼?》(*What Should I Do with My Life?*)，書中講述的多半是突然做出大幅度職涯轉變者的經歷。布朗森以深具個人風格的方式，記錄了自己尋找這些人物的過程、與他們的對話，以及外出的旅程；其中有幾個人沒能成功地做出自己渴望的改變，還有一位工程師心滿意足地長期從事著自己的天職。布朗森指出：

我沒想到會遇上這麼多出色的人，也沒期待他們會對我多坦承，我沒想到自己能從他們身上學到那麼多，沒想到這本書會成為我表達心聲的媒介。沒想到見證著我兒子的出生，看到九一一災難，歷經父母患病之後，我仍然熱情不減地完成了這本書。這一切都是事後回頭看時才發現，彷彿是我信任自己的直覺而獲得的回報。[21]

我們看到布朗森闖入別人的生活中，有時還告訴他們正在自欺欺人，檢視他們的人生，想要瞭解人們從事怎樣的工作才能既滿足又兼具生產力，藉此探詢著一個又一個的敘事。對我們的討論來說，這些敘事具有兩層涵義：敘事者通常會強調自己與生命中其他重要角色的關係，此外，對於布朗森這位尋根究底的訪問者兼新結交的朋友，敘事者也在協商他們彼此間的關係。

舉例來說，卡爾．柯蘭德 (Carl Kurlander) 原本在杜克大學修習醫學院預科，此時他寫的短篇故事翻拍成電影《七個畢業生》(*St. Elmo's Fire*)，使他一躍成為好萊塢編劇。拍攝過程中，他曾和影星安蒂．麥道威爾 (Andie McDowell) 交往，他向對方保證，「等拍攝結束，他就會搬回家鄉匹茲堡，以他們的世代為題撰寫短篇故事，深層、真摯、發自內心的故事」[22]。但他沒做到，至少是很長一段時間都沒實現這個願望。柯蘭德聽聞布朗森的寫書計畫後聯絡了布朗森，一部分是為了警告他當心好萊塢的誘惑，因為他自己就曾屈服於功成名就的虛榮。柯蘭德靠著青少年情境喜劇《救命下課鈴》(*Saved by the*

Bell) 名利雙收，但他對背叛自我的行為感到厭惡。布朗森評論道：「以多數人的標準來看，柯蘭德大獲成功——他既富有，又在業界名氣甚響，不過根據他自己的標準，柯蘭德背棄了自己的人生目標」[23]。

不過後來令布朗森意外的是，柯蘭德接下匹茲堡大學為期一年的聘約。布朗森前往匹茲堡，再次與柯蘭德對話，同時也旁聽他在該校電影研究學程的一堂課。之後，布朗森寫到：

我們走到車旁，我問他：「你不擔心自己只是用學術界來替代好萊塢嗎？把三幕結構換成菲德金字塔 (Freytag Triangle)？取悅對象從片商主管變成女同志情色詩人？」

他沉默片刻，從別的角度回應我的問題：「你怎麼辦到的？你不會把這樣的地方神格化，我為什麼辦不到？你才來這裡一天，對於這裡的陰暗面就比我在這裡三個月看得還清楚。」

「我只是不希望你忘記自己來到這裡的初衷。」

「老天，我真希望能像你一樣真誠。真的，你就像蓋瑞·庫柏(Gary Cooper)一樣。」

「可別把我神格化。」

另一陣沉默。他問：「那我該怎麼辦？」

「不要忘記初衷嗎？」

「對。」

「不要追求他們的認同，不要追求任何人的認同。」

「大家都希望獲得認同。」

「你只是在狡辯。」

「真的！」

「就算是，但你可以暫時放開，不是永遠，只是暫時休息一下。」24

布朗森筆下與柯蘭德的這些對話中，我們看到兩位職業敘事者在解釋自己意圖的過程中，經常夾帶藉口、歉意與譴責，藉此協商彼此的關係。敘事成為他們建立、確認、修復並重塑彼此關係的機制。

講述人生故事

正如波．布朗森的著作，敘事本質上涉及傳記的成分，講述至少一段人生故事。一部完整的傳記通常會包含多個敘事，每個事件都是一則敘事，進而匯集成一篇恢弘的敘事。同樣，傳記也會簡化行為者、行為、原因及結果，這無疑是傳記或自我成長書總能登上暢銷書排行榜的原因之一：傳記依循一種易於辨識、好理解的解釋模式[25]，傳記寫的是故事。

當然，傳記也可能以規範的形式呈現，就像聖人的模範人生故事；傳記也可以是技術描述，例如以心理學或醫學專家的角度來解讀凱薩大帝或總統伍德羅．威爾遜 (Woodrow Wilson) 的祕密。丹尼爾．貝爾托 (Daniel Bertaux) 和凱瑟琳．德克瓦 (Catherine Delcroix) 採用所謂的「家庭案例史」(family case histories)，當作一套系統化的社會史研究工具；這也是一種特殊的技術描述。他們請加拿大魁北克拉瓦爾大學 (Lavel

University）的學生挑選某位兩、三代以前的年輕人，追溯他的所有祖父母及其後代（或手足的後代）。雖然從出生、結婚、死亡登記等公開記錄就能得到大部分所需資料，不過學生還需要借助搜集訪談等其他多種資料來源，才能完成研究。貝爾托、德克瓦及其學生重述這些家庭史的同時，也呈現了魁北克歷史的一小片段。

這項由六十位學生及他們選擇的歷史參照人物所展開的計畫，最終匯聚成見證該省社會變遷的豐富資料：

> 這六十篇家庭案例史涵蓋魁北克省過去七十年的歷史，呈現社會歷史變遷的諸多面向。前幾代人多屬於小農，甚至有一位捕獸人和印地安酋長的女兒成婚。到了下一代，農人這個職業幾乎消失，取而代之的是建築業、工業及都市服務業的勞工，在魁北克和美國東北部都是如此；家庭規模縮小許多，有工作的已婚女性人數大幅增加。到了第三代，教師、社會工作、醫療服務業的職業人口快速成長。不過在這廣泛的共同歷史中，最令人大開眼界的是其中的細節：歷經多樣、在地、有條件的調解與倡議、努力、戲劇性事件、勝利、情勢

與機遇，社會歷史變遷是如何有悲有喜地、實際上演著。[26]

貝爾托、德克瓦及其學生開創了一種在社會變遷系統化分析中安插敘事的機制：透過大量事件串連而成的敘事，能展現出單一事件所無法呈現的面貌[27]。

自傳講述的正是人生故事。自傳性質的規範是一種特殊類別，數量不多，形式包括履歷、工作面談、競選演說及榮譽社團成員的申請書。在自傳中，技術描述的成分甚至更少，不過仍然存在。例如，社會學家偶爾會請其他社會學家撰寫自傳，對形塑或至少影響了自己人生的社會過程進行分析[28]；就連在這些自傳中，也會浮現藉由敘事為自己辯護的衝動。社會學自傳作者厄文．路易斯．霍洛維茲（Irving Louis Horowitz）表示，自傳是「一種讓人們認真看待其領袖言語與功績的策略，一種引人注目的自我展現方法」。他繼續評論道，「自傳為他人行為提供楷模，揭露某種行為是值得仿效的道德行為範本，或應引以為戒的負面教材」[29]。因此，多數社會學家不善於將自己的人生轉化為社會學解釋的對象，因為他們傾向把自己正常化，使自己成為該類別的代表人物[30]。

關於將專業凝視轉向自己，我個人最喜歡的案例並非來自社會學，而是歷史學。一九八〇年代左右，奔走不懈的知識活動籌辦者皮耶．諾哈 (Pierre Nora) 說服七位傑出的法國歷史學家把自己當成歷史研究的題材，他說這些人是「把自己當成歷史人物的歷史學者」[31]。在《自我歷史論文》(*Essais d'égo-histoire*) 中，諾哈成功說服法國著名歷史學家莫里斯．阿古隆 (Maurice Agulhon)、皮耶．喬努 (Pierre Chaunu)、喬治．杜比 (Georges Duby)、拉烏爾．吉拉德 (Raoul Girardet)、雅克．樂高 (Jacques Le Goff)、米歇爾．佩羅 (Michelle Perrot)、雷內．雷蒙 (René Rémond) 以歷史放大鏡來檢視自己。舉例來說，喬努以這句話展開他的歷史學者自我分析：「我成為一位歷史學者是因為我是一位『女性死者』之子，自童年起，我就深為時間的奧祕感到著迷」[32]。喬努的母親在他九個月大時過世，他到許久之後才知道，家族相片中神祕的「白衣女子」就是他缺席的母親。他將自己的職業生涯描繪成終身探尋缺席時光之奧祕的過程。

不過並非所有歷史學家都提供那麼多個人細節。喬治．杜比寫道：

> 長久以來，事實上，直到我定稿之前，我的計畫都是以第三人稱書寫，以便保持距離。不過我放棄這樣的打算，以免看起來裝模作樣。讓我開宗明義指

出一個重點：我不會講述自己的人生故事。讓我們都同意，在這篇自我歷史中，我只會呈現部分的自己：我身為工作者——或是工匠的一面。由於我不會談及繪畫、劇場或音樂；不會談及我所愛的人，顯然我生命的精髓將在此隱藏不見。[33]

在我自己擔任法國史學者的職涯中，我認識（或至少見過）以上所有作者，我發現自己閱讀這些論文時，同時帶有評論家、歷史學者及窺視者的角色，透過這些作者的敘事所建構的透視窗，窺見他們富有創造力的人生。技術描述類型的自傳幾乎總會偏向敘事，其中行為者、行為、因果關係及道德意涵皆經過簡化。

不論是書面或口述自傳，通常都會串連數個敘事，有時成果只是多篇敘事集結在一起，但偶爾也能串連為一篇恢弘敘事，成就一部**人生辯詞**（apologia pro vita sua）。英國共產主義歷史學家拉斐爾．山繆（Raphael Samuel）具顛覆性的著作就屬於此一類型。除了偶爾追憶自己的左翼政治經驗，以及一篇以自己都會家庭與鄉間關係為題的尖銳之作（但並未完成），山繆從未寫過正式的自傳。不過，他的所有文章幾乎都帶有自傳性質：

他個人的反思與觀察夾雜於其以英國為主的社會史批判性解讀中，而他自己，正是橫亙三十年來英國社會史中的主要行為者。

山繆於一九九五年四月被診斷罹患癌症，二十個月後，一九九六年十二月便不幸病故。他留下大量筆記與未完成的手稿，歷史學家莎莉．亞歷山大(Sally Alexander)和蓋瑞斯．斯戴曼．瓊斯(Gareth Stedman Jones)與山繆遺孀艾莉森．萊特（Alison Light，非歷史學者）合作，整理其中部分資料，集結出版鉅著《島嶼敘事：發掘英國》（*Island Stories: Unravelling Britain*，暫譯）[34]。山繆與編者遺贈給英國史愛好者的這本饋禮，適合一再翻閱瀏覽，而非一氣呵成地閱讀。瀏覽過程中，山繆的生平與著作在讀者面前鮮活起來。這本書滿載敘事，含蓄的自傳筆調交織其中。當讀者闔上這本書，將對瞭解山繆的生平而滿心愉悅，受書中一則則一閃而過的想法逗引，想在書頁邊緣空白處潦草記下問題、質疑或感嘆，並對閱讀本書所學到的一切感到驚嘆不已；讀者彷彿聽聞了山繆充滿熱誠的話音。

山繆擅長提出歷史探問，也樂於收集知識。他在零散的紙張上寫滿引語、提要、筆記、剪報、影印資料、奇思異想等原始資料，之後經過重新編排，全都是寫作素材。他的作品也顯露類似特色：充滿註腳、塞滿引用和典故，一句話裡就承載了眾多思想，使之餘音繞梁：

> 另一方面，「不列顛」(British) 目前是種較為時髦的說法，部分原因可能是它不像「英國」(English) 承載那麼多文化包袱，因此較少被文化遺產業批評者 (heritage-baiters) 所用；同時也因為，在現今後殖民時代、及較早期的帝國主義時代中，「不列顛」的用法含括了更多族裔，因此更能肯認多元信仰、多元文化社會的出現。[35]

正如同這段話所示，山繆向群眾表達己見時，經常暗酸敵人（此處同時包括兜售及批判文化產業者）。他的文筆鮮活、尖刻機智，就以上方引言的前三行為例：「英國文學 (English literature) 的教學，和性行為的傳教士體位、高階政治的本位主義和文人圈中的上流雅士有幾分相像。」山繆的大量敘事都以務實的描述來取代他人裝模作樣的理論。

我們閱讀山繆的文章，與其說是為了論證，更是為了知曉他的洞見；不是為了理論甚或敘述，而是為了探求其中的脈絡與關聯。山繆善於提供歷史洞見、脈絡及關聯，少有人能與之匹敵。舉例來說，琳達．科利 (Linda Colley) 將英國統一力量歸因於國內的激進新教，為回應此論述，山繆不僅檢視一五三六年來新教徒與其他英國族群分裂或是其內部分裂的眾多歷史時刻，更引用哈斯拉姆．米爾斯 (Haslam Mills) 對他阿姨的描述，「她被哨兵詢問時，不會回答『英國』，更不可能是『不列顛』，而是『循道宗』(Methodist)❶。」山繆的敘事經常將歷史行為歸因於某種獨特的心態。

惡棍的自傳

拉斐爾．山繆對於自傳最歷久不衰的貢獻，並非來自他自己的人生，主角另有其人。一九七三年至一九七九年，山繆多次訪問早年的倫敦惡棍亞瑟．哈汀 (Arthur Harding)，訪問開始時，哈汀已屆八十七歲高齡。山繆在哈汀的口述歷史前言中寫道：

❶ 譯註：新教教派之一。

「這些章節根據耗時六年錄製的錄音帶所記錄的回憶編寫而成。關於如何建構這些章節，以及編寫過程中的意志交戰，都收錄於副冊《東區黑社會：貝夫諾格林西南》（*East End Underworld: South-West Bethnal Green*，暫譯）之中，歡迎有興趣的讀者參閱」[36]。據我所知，副冊從未出版，不愧是山繆的典型作風！不過，山繆標榜為系列作「第二冊」的著作包含一連串絕佳的自傳報導，描繪二十世紀早期倫敦小偷小搶的生態與窮人的日常生活。雖然，敘事中不乏數不勝數的精采事件與豐富人格特質，但多數報導仍以一位或少數幾位行為者為主角，描寫有限數量的行為在連續的時空下、改變已知狀態、引發後續行為，透過一個整體結構引向了某種結局或教訓。這些自傳報導等同敘事。

哈汀出生於一八八六年，成長於倫敦低收入的東區裡最貧窮的一區。哈汀的父親是個酒鬼，成天無所事事，不久之後就拋家棄子，偶爾回家只為拿錢。哈汀的母親新婚不久就被失控的牛奶貨車撞上，因此跛腳，同樣嚴重酗酒，一直到哈汀長大、威嚇當地的酒保不准賣酒給母親之後才有所收斂。不過終其一生，哈汀的母親在家徒四壁的自家房間中承接工作，養活四個小孩。小時候扶養哈汀的主要是比他年長四歲的姊姊哈莉葉(Harriet)，暱稱瑪提(Mighty)。極具魄力的瑪提開創一系列出色的零售事業，其中一些生意並不全然合法。後來，她和母親的主要收入來源是合法性存疑的高利率借貸業務。

九到十二歲間，哈汀主要生活於巴納多醫生孤兒院（Dr. Barnardo's Orphanage）中，後來又回到東區街頭。年少的哈汀成天在街頭上鬼混，大半時間都在從事非法行徑，例如扒竊財物或從貨車後頭偷走貨品。他也常涉入街頭鬥毆、勒索保護費。多年來，哈汀的主要收入都來自這些非法勾當。哈汀因犯下重罪前後共入獄服刑十年（一九九一年至一六年，及一九一七年至二二年）。在他的犯罪生涯中，他三十二度以被告身分出現於法庭，其中二十七次獲得釋放或無罪判決。他是個難搞的人物。不過到山繆開始記錄他的人生歷程時，哈汀已經將近五十年沒再入獄。他對自己犯罪生涯的自傳式反思要回溯到七十年前。

在哈汀的自傳敘事中，描述其他人的篇幅其實比自己還多。他一再把相識者歸為某一類別，為他們貼上某種個性的標籤，然後講述一小段故事。舉例來說，哈汀回想到他和猶太人罪犯合作的過程：

另一位是傑基．辛博姆（Jackie Shinebohm）。他是一位非常聰明的扒手，長相俊俏，沒有人會對他起疑。我們認識時他大約十四、十五歲，我在貝夫諾格林路起點的咖啡攤附近和他搭話，我說：「你做什麼的？」他回答：「我是扒手。」於是我知道可以信任他，他不是告密者。他沒有爸媽，舉目無親，有時他會睡在我在直布羅陀花園 (Gibraltar Gardens) 的住處。傑基一九九二年在愛爾蘭被殺害，他當時和一群扒手混在一起，大概四、五個人。他們和警方打好關係，所以業務不會受到干擾。他和幾位都柏林刑事調查部的警員講話時，好像被幾個新芬黨 (Sinn Fein) 員看到，於是被跟蹤。他們跟到傑基下榻的飯店，然後開槍射殺了他。這是無心之過，他們以為他是間諜。[37]

十五歲以後，哈汀開始與幾位同伴展開扒手「遠征」，活動範圍遍及英格蘭和威爾斯。哈汀回憶在威爾斯的旅途時，他提到「和猶太人相處起來很安全，他們對俄羅斯警察印象不好，所以不會向警察透露資訊。你可以信任他們，因為他們意第緒語有一個動詞叫作 "Thou shalt not"，告誡他們不能傷害他人。和他們相處起來很自在，他們似乎不在意我不是猶太人」[38]。於是敘事如此鋪展：行為者、個性、行為、後果，最後常以道德結論收尾。

哈汀本人在敘事中也不斷改變。很快地，他的經歷加上了武裝搶劫，專門搶劫非法賭場，因為這裡的猶太賭客也不大可能尋求警方協助。儘管如此，此時倫敦警方還是已握有哈汀的犯罪記錄，並密切監視他的行蹤。哈汀回憶道：

一九〇八年，我因為《犯罪預防法》(Prevention of Crimes Act) 被判入監服刑十二個月。我什麼事都還沒做，他們就把我當成嫌疑犯關起來。出獄後，我的行為變得更狠毒，人們避我唯恐不及，連警察也開始躲我。我開始痛打很多被當成「恐怖人士」的壞人。我那時年輕氣盛，據警方說法，我就是布里克巷 (Brick Lane) 的恐怖人士。我因隨身攜帶一把槍而出名，但我根本不必亮出武器，別人就已聞風喪膽。如果我們要討錢的話，應該可以發大財——畢竟布里克巷人人都對我們畏懼三分。不過我不在乎錢，只要我媽媽和姊姊沒事，那就夠了。[39]

大概二十五歲時，哈汀從扒竊改為從事「換假錢」的勾當。他說這門活動比扒竊安全，因為就算被逮到身上帶著假幣，只要懂點法律，通常就能脫身[40]。他的姊姊瑪提會把偽造硬幣寄到他們一夥人準備做案的城鎮，然後他們就在當地的商店中用假幣買東西、找回真錢。哈汀換假錢的事業曾幾次差點被警方破獲，不過讓他服刑較久的是兩起別的罪狀：在一個皮條客的求助下，介入那個皮條客和另一個皮條客之間的武裝械鬥；以及贓款交易。

在第一起罪案中，根據哈汀自述，他的同夥害他惹上大麻煩並不是因為武裝械鬥做得過火，而是因為被他們痛打的對象在法庭上做出對他們不利的證詞後，哈汀的同夥卻還攜帶槍械進入法院。至於第二起罪案，哈汀的母親的確收到搶匪的贓款，搶匪把錢存進她和女兒經營的聖誕俱樂部 (Christmas club) ❷戶頭中。哈汀聲稱他並不知道存款人的大鈔是贓款，但他的確懷疑這筆錢來路可疑，於是支付給他以為能夠信任的對象。後來英格蘭銀行 (Bank of England) 循線找到一位收下五鎊紙鈔的酒吧老闆，老闆供出哈汀。

---

❷ 譯註：「聖誕俱樂部」為一種儲蓄帳戶，客戶定期存入一定金額，並於年末聖誕節前夕領回用於購物消費。

那時是一九一六年，哈汀先前的一長串犯罪記錄對他相當不利；儘管起訴事由的正當性頗具爭議，最後哈汀還是被判刑五年。

這是他犯罪生涯的終點。哈汀於一九二四年結婚，不久就當上父親，他在一九二六年時曾因打架再度觸法，不過順利脫身，之後從未再次入獄。這則敘事的道德意涵是什麼？在訪談的六年間，哈汀多次改變基本立場，不過從錄音帶編撰內容中浮現的整體敘事結構大致如下：一位年輕人堅毅地挺過困苦，在當地環境中盡可能討生活，永遠捍衛自己的家人（父親除外），數度遭到當局粗暴對待，不過逐漸意識到犯罪代價愈來愈高、報酬卻持續減少，加上娶到了好太太，最終成為奉公守法的好公民。時間一久，品格顯現。

疾病的敘事

只要書寫得宜，就連疾病的敘事也能有振奮人心的效果。事實上，艾莉森．萊特表示，拉斐爾．山繆的《島嶼敘事：發掘英國》有將近大半篇幅是在他短暫的癌症治療期間寫成[41]。也有許多人把嚴重疾病本身當成敘事的主題。以編者、評論家、論說文作家暨小說作家安納托．卜若雅為例，他最後一本著作與山繆過世後出版的鉅著有幾分相似。在他漫長的寫作生涯中，卜若雅曾以父親的絕症和死亡相關的文獻為題，發表極具影響力的論著。卜若雅於一九八九年被診斷罹患轉移性前列腺癌，立刻展開治療，不過十四個月後就匆匆離世。

得知診斷後不久，卜若雅開始以自己的罹癌與治療經驗為題，撰寫精采著作。他完成了三篇短文和一本日誌；這些作品於一九九二年問世（連同兩篇較早期的文章與其心理治療師遺孀亞歷珊卓．卜若雅〔Alexandra Broyard〕撰寫的後記），書名為《病人狂想曲》(*Intoxicated by My Illness, and Other Writings on Life and Death*)。奧立佛．薩克斯 (Oliver Sacks) 在前言中寫道：

> 關於疾病，我從未見過如此直率的文章，毫無文飾、毫不閃躲、不濫情也不渲染宗教色彩，同時卻更為深沉、更機敏、更發人深省、令人感同身受。你可以從中感受到這位身兼評論家、藝術家的作者本人，以前所未見的力道緊握

著筆，決意挑戰自己的疾病，以報導者、分析師之姿，深入死亡之境，充滿生氣地將筆握至最後一刻。他帶著筆深入黑暗，他最後的日誌一直寫到臨終前幾天。42

顯然，卜若雅所書寫的不只是一篇直截了當的敘事，他以疾病、死亡與垂死為題譜出散文詩。不過，他的個人經驗讓他集中思緒，使其著作成為這個主題中我所讀過最為動人的敘事。

以下段落想必道出許多患者的心聲：

當我父親過世時，我想要以此寫一本小說，不過我發現整本小說都過於拘謹。我對死亡保持距離，無法忍受死亡，而我現在發現人們也開始這樣對待我。他們對我小心翼翼，極為親切，我不知道他們說的話是否發自真心，還是只是順著我的意。他們彷彿把我當成小孩，我希望他們別再這麼做，我看不到原本的他們了。我需要他們的幫忙，但不是以這種形式。治療師厄文．波斯特

(Erving Polster) 將「尷尬」定義為不知如何自處的「光芒」(radiance)。我們需要一本書來教育患者的家人、朋友及共同生活者，指引他們如何運用這份光芒。如果他們能善用，那麼這份光芒對患者的助益會勝過放射治療(radiation)。[43]

當然，卜若雅當時寫的正是這本書——一本教導大家如何在疾病中找到光芒的書。不過在這段細膩的段落中，我們發掘一篇帶有亞里斯多德調性的有力敘事：別人害怕傷害我，所以對我溫柔以待，但我反而因此感到受傷。

卜若雅也試圖為自己的疾病尋求非技術性的解釋。和許多患者一樣，他講述了造成自己疾患的可能原因，並推論也許採取不同作法就能避免患病：

我對罹癌的第一反應是抒情的，稍後才出現一些諷刺意味。這是治療的一部分。我不知道這算是抒情、諷刺，還是兩者兼具，但我不禁想到某些女性和某些行為，我認為比起其他因素，他們更可能是致癌原因。體外射精似乎是可疑的原因之一，這種作法在避孕藥出現以前相當普遍；另外是口交，我認為這對前列腺造成更大壓力。話雖如此，我想要澄清，我並不要求這些女性為我的癌症負責——不論我做了什麼，一切都值得，我對此毫無怨言。就算知道後果，我仍不會做任何改變。雖然這些紅顏禍水和令人心甘情願為之而死的歡愉只是幻想，但這是癌症患者人生的一部分，我不會刪去我病歷中任何可能的原因。[44]

不過，隨著卜若雅繼續書寫，他還是編織出一篇巧妙的敘事，將致命疾病當成創作機會。

雖然我們多數人不會像安納托．卜若雅一般，以如此抒情的筆調譜寫關於疾病的篇章，但他也不是首開先例者，他並不是第一個把疾病當作充滿獨特挑戰的新世界的人。道格拉斯．梅納德(Douglas Maynard)把疾病的開端描寫成彷彿跨越了某種門檻：

一位右腿診斷出癌症（滑膜肉瘤）的醫師向我們展現了從一個世界踏入另一個世界的樣貌。公共廣播電視公司有一個節目叫作「當醫師罹患癌症」，這位醫師出現在節目中，畫面上的他拄著拐杖走進醫院，頭上戴著遮掩掉髮的棒球帽，然後坐在床上接受化療及檢查。這位醫師現在成了病患，他透過旁白的聲音表示：「一年前的十月，我被宣判生命只剩下六個月。一年之後，我還在這裡，生活在新世界中，這是舊世界的延續，但本質上是全新的世界。」這段描述以及穿著病袍、扮演患者角色的醫師畫面生動地展現了壞消息把某人送入「新世界」的意象。[45]

卜若雅很可能會排斥公共廣播電視節目的樂觀態度，不過他應該能和那位罹癌醫師分享跨越門檻的心得。作家暨前列腺癌患者羅伯．范恩．楊 (Robert Vaughn Young) 閱讀卜若雅的著作後，在自己的日誌中寫道：「終於看到有人能把我的興奮之情以文字表達出來，並幫我解釋我重視的東西何以有了轉變」[46]。敘事所做之事可能平淡無奇，但它們未必不能鼓舞人心。

我其中一名女兒凱蒂．蒂利 (Kit Tilly) 是分子遺傳學家，她在《病人狂想曲》出版後不久送了我這本書。她隨書附上一張印有希臘修道院的明信片，並寫道：「希望您不會覺得病態，但我覺得這本書令人著迷。」她知道幾年前我剛戰勝黑色素瘤，因此必然會拿我自己的經驗與卜若雅相比。不過當時她和我自己都不知道，十幾年後，我的醫師會在我體內發現轉移性前列腺癌，然後兩度發現淋巴瘤並進行治療。為了紀念化療導致禿頭的那段時期，我保留著一頂我從來沒敢戴上的假髮。

那時，我已幾乎遺忘放在傳記書架上的那本卜若雅著作，我自己也寫了一本書，不過不是關於患病，而是以社會運動史為題，目的是幫助我在治療淋巴瘤期間把注意力集中在生命與希望上[47]。我稱之為我的癌症書。

雖然，還是有一些頑固而隱形的轉移性前列腺癌細胞，流竄在我體內前列腺以外的地方，不過終於擺脫淋巴瘤後，我以格外欣喜、痛苦、放鬆的心情重新閱讀卜若雅的著作，同時帶有一絲罪惡感：他死了，而我活了下來。罹病擦亮我的雙眼，面對死亡，卜若雅的敘事為創作設下令人感到謙卑的新標準。

我自己的憂傷敘事可能使我們偏離本書的主要論點：敘事具有社會功能。敘事不僅能說明令人疑惑、意料之外、戲劇化、問題重重或具懲戒意味的事件，也能確認、重新定義或挑戰社會關係，敘事的修辭元素（強調講者與聽眾的關係）應能突顯這一點。敘事也經常倚賴社會常見的範本，並能被解讀為提供者與接收者之間關係特徵的訊號，有時也對自尊具有強大影響，以上這些敘事的特點也都再次強化我的論點。也許這裡可以舉最後一個例子來作結。人類社會學家凱特琳．紐曼撰寫一本關於一九八〇年代美國中產階級向下流動現象的著作時，訪問了超過一百五十位曾經生活富裕的人士，深入瞭解他們從舒適的生活環境跌落至貧困邊緣的經驗。

紐曼著作中的第一篇敘事來自大衛．派特森（我們在第一章曾經提到他），派特森是從加州轉調至紐約的電子業主管；後來公司生意遭受重創，收掉了他所帶領的部門。派特森因此失業，再也找不到其他職等相當的工作。派特森損失慘重：他成長於費城勞工階級貧民區，是家族中第一位上大學的孩子，他曾是整個家族的驕傲與喜悅，擁有一棟大房子和兩輛豪車，負責養家，太太和兩個小孩都已經適應富裕的生活型態。然而現在的他找不到工作了。

紐曼透過一個又一個的敘事記錄派特森的轉變。派特森仍然懷抱著在新工作中應用原先管理技巧的希望，繼續堅信公事公辦的原則，相信市場邏輯無法抵抗，並認定前公司的問題是高波動產業中必然的風險。最後，敘事的重點開始轉移：

經過幾個月來的不安、憂鬱、恐懼顫抖，造成個人問題的經濟面原因開始淡去。大衛一心想的是：我到底怎麼了？為什麼沒有人打給我？我哪裡做錯了？他一連數個小時埋首桌前，摩娑著額頭、抽著菸斗，檢視自己的內在性格，想知道到底是什麼個性缺陷害他陷入這種境地。別人看得出他的焦慮嗎？人們在路上躲避他是因為他們受不了這種絕望嗎？他是否觸怒面試官，表現得過於強勢？當失敗從四面八方逼近，他唯一的答案只有「問題一定出在我身上」，他已經忘卻電腦產業的起起伏伏以及全國經濟等大環境因素，大衛把失敗歸咎於自己的個性。[48]

此處他人的敘事再次令我回想起自身經驗。我的父親是貧窮德國移民的後代，祖父在芝加哥拖拉機工廠因工受傷致殘後，當時就讀高中的父親被迫輟學養家。父親白天做粗活，晚上上夜校，取得高中文憑，繼續研讀會計，努力取得一份底層白領工作。一九二九年經濟大蕭條時，父親正擔任芝加哥一家大型相機公司的助理信貸經理，雖然不像大衛．派特森是部門主管，但比起我祖父從事的農活及勞動工作，已是大有長進。不過隨著公司縮編，父親也因此失業。

我對兒時的回憶要到幾年後年紀稍大時才漸漸清晰。大蕭條使我父親和整個家庭長期失業，換了一個又一個的短期零工；我們被迫一再搬家，甚至曾短暫寄住在我外祖父的地下室裡。（我外祖父與他第二任妻子及五個女兒於一九二〇年代移民美國，他來自英國威爾斯的採煤場，幸運地在經濟崩潰期間保住芝加哥阿華田工廠的工頭飯碗，我們在大蕭條期間喝了很多阿華田。）

我們五個小孩都感受到當時的艱困、挫折與羞辱，我們穿的是兄姊傳下來的二手衣服，吃的是政府發放的玉米粉，搜集蒲公英葉子當作蔬菜，努力求取任何兼差工作機會。我們從未像大衛．派特森那樣對於市場理性懷抱信心，也沒有淪落到自責自憐。在意志堅定的父母親的影響下，我們向自己述說著敘事：我們是好人，只是時運不濟。我們同樣倚賴敘事，據此組織自己的生活以及與他人的關係。

敘事是一項偉大的人類發明，敘事在社會關係中的重要性堪比犁之於農業。和犁一樣，敘事透過簡單的施力就能深耕。敘事的本質令純粹主義者大感挫折：敘事極度簡化因果關係，將複雜的人生濃縮成簡單的情節。敘事突顯平凡人生中的悲、喜、勝、敗、道德與不道德。敘事的內容比慣例豐厚得多；對規範和技術描述嗤之以鼻，以至於使用規範和技術描述的專業人士常須將自己所欲傳達的訊息轉譯成敘事。多數人認真看待理由時，這些理由多半就是以敘事的形式呈現。

第四章
規範

蘿拉．J．尼爾斯基金會 (Laura J. Niles Foundation) 總部位於康乃狄克州，成立於一九九七年，其宗旨是「鼓勵並支持採取措施，向有上進心的貧窮人士提供學習與經濟成長機會。同樣重視透過犬科及其他種類動物的陪伴，來培養豐富生活的慈善計畫」[1]。舉例來說，這間基金會捐款給紐約多布斯費里 (Dobbs Ferry, New York) 兒童村 (Children's Village)，這所機構收容五到二十歲的問題兒童及青年。這筆捐款用於教導收容所中的男孩子訓練專門協助身心障礙人士的輔助犬，也向失能者提供兩週的培訓課程，讓他們與輔助犬認識、適應彼此。

在基金會協助人們與狗兒的背後，其實面臨諸多法律困境。一九〇九年出生的蘿拉．尼爾斯與小她兩歲的弟弟亨利 (Henry Niles) 自雙親繼承龐大財富。多年來，蘿拉與亨利往來紐約市及家族位於長島布來瓦特斯 (Brightwaters, Long Island) 的莊園。蘿拉終身未婚，不過社交生活活躍，興趣包括騎馬與網球，後來更成為培育表演犬的知名人士，特別是迷你貴賓狗。根據基金會網站的介紹，「(蘿拉) 是一位健談的女士，樂於與人言詞交鋒，為人詼諧有趣。雖然富裕，但選擇樸實的生活方式」[2]。一九八六年，蘿拉當時七十七歲，從布來瓦特斯搬至她位於紐澤西州布來士鎮 (Blairstown, New Jersey) 的農場，專心養育馬匹和狗兒。

而七十五歲的亨利．尼爾斯身體與心理健康狀態逐漸下滑。蘿拉搬走後，他仍留在布來瓦特斯莊園，由比他年幼三十歲的瑟瑞娜．波諾 (Serena Bono) 照料起居。至一九九〇年，亨利已無法自理生活與財務，於是尼爾斯一家位於長島的鄰居、家族友人暨投資顧問喬佛瑞．帕金森 (Geoffrey Parkinson) 開始介入，指派前任法官喬瑟夫 坤茲曼 (Joseph Kunzeman) 擔任亨利的監護人，自己則擔任財務顧問。同時，瑟瑞娜和亨利展開戀情，儘管帕金森和坤茲曼申請限制令，瑟瑞娜和亨利還是於一九九二年成婚。

約於同時，蘿拉設立三筆信託，將自己大部分資產贈與未來的蘿拉．J．尼爾斯基金會，並指派帕金森擔任受託人。不過當時八十三歲的蘿拉開始與亨利、瑟瑞娜及瑟瑞娜的兒子薩爾瓦托．波諾 (Salvatore Bono) 長期相處。她還買下佛羅里達州那不勒斯 (Naples, Florida) 一間七十萬美元的公寓大樓供他們四人居住。一九九七年，蘿拉修改遺囑，排除帕金森，改由薩爾瓦托．波諾擔任執行人及受託人。同年，亨利過世。在此之前，薩爾瓦托的工作是幫房東和披薩店老闆收租，同時立志成為保險經紀人卻苦無成果。新的遺囑使波諾家族獲贈大筆金錢，薩爾瓦托成為蘿拉財務的全職管理人（或花費者)，於是毫不受限地把錢花在自己和家人身上。

薩爾瓦托豪奢度日十六個月後，帕金森提起訴訟，請求先前擔任受託人以及財務顧問的服務費，也要求法庭為蘿拉指派監護人。他以**不當影響** (undue influence) 的法律理由來正當化指派監護人的要求，他主張尼爾斯家族的姻親瑟瑞娜和薩爾瓦托不當運用私人影響力，使蘿拉更改遺囑並洗劫她的財產。紐澤西法庭應要求指派一位律師擔任監護人，並針對波諾家族施加「不當影響」的民事訴訟展開審理程序。大約同時，蘿拉陷入昏迷，一直到過世都沒有清醒過來。

不當影響的法律與遺囑法環環相扣。一般來說，法庭判定有效遺囑的條件是，遺囑人必須瞭解以下事項：(1)其資產的性質與範圍；(2)「自然受遺贈人」，也就是財產的合理繼承人；(3)遺囑人所簽署的條款。如要判定存在不當影響，法庭必須認定疑似施加影響者有動機和機會影響結果，並實際出手干預。光是將遺產贈與意料之外的受贈人或排除自然受遺贈人，都不足以構成不當影響。

雖然有時手足會指控對方向家長的遺囑施加不當影響，不過美國判例法一般認定近親與家庭成員「本來」就會彼此影響。因此比起律師、醫師、員工、友人或近期開始交往的情侶等外人遭指控施加不當影響，親戚受到同樣指控時，法律檢驗標準會比較寬鬆。假如遭指控的外人與遺囑人的關係屬於法律上所謂的「信任關係」（confidential relationship），且能自遺囑獲得大量好處，那麼法庭認定存在不當影響的機會更高。

信任關係（也稱作「信託關係」）指的是近親以外的關係中，至少一方能對另一方的決定施加龐大影響力。在信任關係或信託關係中，某方若獲贈大筆遺產，根據法律原則，合法性的舉證責任會從原告轉向遺囑受益人，也就是由受益人來負責反駁不當影響的假設。

在不當影響的案例中，法官通常會仔細審視原告及被告雙方所提供的說辭，接著將雙方說辭中他們所承認的要件，與判例法所提供的類別及前例進行比對。就連判斷動機時，法官除了審視案件中原告及被告心態的直接證據，也會考量其他人在相同情況下會如何行事。這種比對過程所產生的理由，其依據是規範，而非當下案件中的因果描述。這裡的理由依賴的是公式，而非解釋。不過不同於慣例的公式，如不當影響的法律所顯示的，解讀和套用規範公式還需要廣泛的技術知識。法學院會教導學生如何取得相關知識：如何辨識並解讀相關法規；哪些之前的案例判決能當作可援引的前例；相關公式要求什麼樣的證據等。

針對不當影響的案例，三位紐澤西財產法律師做出以下結論：

多種事實情境可能構成不當影響的指控。不當影響最極端的例子是使用肢體脅迫，方式可能是公然以槍抵著遺囑人的頭，強迫對方簽署遺囑，或是扣留基本維生必需品，例如食物和醫療，以逼迫對方立囑。

不過在一般情況下，不當影響的表現通常沒有那麼明顯：

- 遺囑人在新遺囑中處置財產的方式出現無法解釋的變化。
- 涉及「不自然」或「不公」的贈與情況。
- 遺囑人受影響的可能性提高。
- 遺囑人的財務與業務受施加影響者控制。
- 遺囑人與施加影響者的關係持續時間長度有疑慮，例如施加影響者為遺囑人的新任情人。[3]

蘿拉和亨利．尼爾斯的例子多少都符合上述情況，因此紐澤西法庭認定不當影響的三項要件皆存在：動機、機會與有效干預。喬佛瑞．帕金森的律師代表尼爾斯基金會及帕金森請求尼爾斯家族的財產，並成功說服紐澤西州數個法院註銷尼爾斯於一九九七年所修改的遺囑，強制要求瑟瑞娜和薩爾瓦托．波諾返還取自蘿拉．尼爾斯（間接取自基金會）的高額款項。償還金額還包括帕金森及蘿拉．J．尼爾斯基金會法律訴訟的相關費用。紐澤西州最高法院兩位法官對於費用的判決提出異議，引用美國規則（American Rule）❶，反對向敗訴的被告索取原告的法律費用。

不過本案多數意見表示，在此嚴重的不當影響案件中，被告的行為無法適用美國規則。以下段落表達多數意見的看法：

此訴中，母子聯手向一位八十八歲的單身失智百萬富翁施加不當影響，使

❶ 編註：美國規則要求除法律或契約另有規定下，當事人雙方須分別負擔自己的訴訟費用，除非敗訴方存有惡意、無理纏訟等情形，勝訴方可免付訴訟費用。

其修改三份生前信託協議，指派該子擔任受託人，並透過修改後的信託協議贈與母子兩人大量經濟利益。原本信託協議中的受託人及主要剩餘財產受益人獲得勝訴，排除非法受託人，並要求該對母子歸還除特定法律訴訟費用之外的財產。美國規則一般不允許勝訴方要求敗訴方給付法律訴訟費用，如果此前均無此先例，此訴所引發的議題是應否破例。我們認為在此案情況中，執行人或受託人透過不當影響收受大量經濟或財務利益，原告及第三方為要求償還財產，將資產回復至未發生不當影響的情況，為此提起訴訟所產生的法律訴訟費用應由被告負擔。我們也認為該對母子應對本意見所判定合理的所有法律訴訟費用共同負擔連帶責任。[4]

我們可以懷疑紐澤西最高法院多數意見從懲罰波諾母子、伸張正義中獲得滿足。不過，波諾母子的詐欺行為並不是這次破例不適用美國規則的主要理由，最高法院強調的是波諾母子透過操縱信託取得的財務利益。

不當影響的案件通常涉及緊繃的家庭劇碼：手足或子女為爭取遺產而互相排擠；新

來者佔虛弱老人的便宜；長期伴侶被貪心的親屬排斥在外。這些案件幾乎都涉及公平性的問題。不過，在不當影響的法律審酌中，法庭會淡化公平與否的問題，他們看重的是長久建立的程序規定。一如尼爾斯的案件，法官解釋其判決時，他們不會提出因果敘事或技術描述，慣例的成分更少；他們提供的是規範。法官聽取證人、原告及被告的敘事，並根據有效遺囑的三項要件以及不當影響的三項要件，將案件事實與法律原則進行配對，比對結果就是法庭判決的規範性理由。規範依循的是公式。在法律大熔爐中，慣例、敘事和技術描述被規範取代。

規範的運作方式

根據慣例提出的理由仰賴普遍可見的公式來解釋或正當化行為，不過其中因果推論的成分很低或不存在；相比起來，以敘事為主的理由則透過該文化中多數人能理解的用語來建構簡化的因果描述。源於技術描述的理由同樣也訴諸因果關係，不過大幅倚賴專業學科並宣稱能提供詳盡的解釋。至於針對行為提出的規範性理由，則主張該行為符合一套特定類別、證據處理程序以及解讀性規定。類別、程序與規定共同組成了規範。

除了提供正當性之外，規範還有其他多種目的。語言學家所簡化、標準化的規範形成文法，讓相同語言的講者、作者與讀者能夠互相溝通。歷史中任一時刻，繪畫、音樂、詩歌和其他公共藝術都服從於規範，因此藝術家的作品才能為人所理解，其閱聽人也才能識得這些創新。不論是世俗或宗教性質的莊嚴儀式，都提供了確認共同承諾的場合。這些規範的用途都不一定涉及說明理由。

規範在社會分析中也佔一席之地。自稱「制度主義者」的經濟和政治分析師有別於其他同行，其特點在於他們堅信各種規範，或隱晦或明顯，是市場、選舉制度等複雜結構的重要基礎[5]。就連曾經堅信市場能自我調節的世界銀行 (World Bank)，現在也開始討論「建構市場制度」。契約、財產權、政府透明度，以及銀行業向儲戶所負義務的相關規範，這些都屬於世界銀行希望在開發中國家推廣的重要基礎建設項目。規範可歸納為清單，專家根據公式，按符合理想制度化市場的程度為各國排名。清單能夠表達規範。

規範並非一成不變。類別、證據處理程序以及解讀性規定都會改變，而且這三者會互相影響。最明顯可見的是，參與者會改變規範。我們最容易察覺的規範，就是針對某些人類活動領域中的行為所制定的規定。當然，法律就是一例；不過，其他專業知識領域、複雜的遊戲比賽或是特定機構也都存有規範。在這些領域中，當官方遭遇新問題時，他們常會變更規定；因此長久累積下來的規定能讓我們一窺各領域從事者過去所面臨的重要問題。

詹姆斯．馬區 (James March)、馬丁．舒爾茲 (Martin Schulz) 和周雪光 (Xueguang Zhou)，仔細檢視史丹福大學自一八九一年創校以來至一九八七年學術與行政管理規定的更迭。他們把這將近一百年的時期區分為不同階段的「規定體制」(rule regimes)，當制定規定的程序發生重大變更時，即標誌著新體制的出現；比方說，一九六八年，校方設立了教員議會 (faculty senate)，在騷動不斷的那年踏入了新的行政規定體制中。(一九六八到六九學年度，我正好在史丹福大學，對當時的爭論與抗議活動盛會仍記憶猶新。)

研究者發現，在每個規定體制中，隨時間過去，新規定出現的頻率會逐漸降低。其研究結果顯示兩個階段：首先是整頓時期，人們發現新體制中的出入、落差和不合適之處；接著是長時間的適應期，機構中的人們逐漸找到方法，使自己的計畫順應規定，或使規定配合自己的計畫。不過在同一機構中，某領域規定的變更會持續帶動其他相關領域的變動。舉例來說，大學主修相關規定的變更很可能會連帶影響畢業學分的規定。外部影響力也不容忽視。以史丹福大學來說，政府的介入措施有改變規定的作用，當政府介入增加時，學術規定數量也上升，不過行政管理規定則呈現相反現象：

來自聯邦政府的高等教育收益增加愈多，新行政管理規定的出現及修改頻率就愈低。聯邦政府資助大學的程度會影響政府對校方規定施加壓力的大小；比起資金增加，資金減少的時期，史丹福大學更常制定行政管理的新規定。資金緊縮時，校方似乎更常關注行政程序。6

經歷過多次大學撙節時期，我確信財務危機出現時，規定變更及新規定出現的頻率會因此升高；此時由誰支付影印費用、誰能使用免費電話服務都成了問題。同樣的推論也適用於專業行為規範、宗教規範、教育計畫規定、文法和官僚實踐。規範的功用遠不止於表達抽象原則，規範展現了機構生態的妥協與取捨。因此規範能透露機構歷史並限制機構內部當下的行為。

不過這裡我們所關注的是一個更具體的問題：專門領域的規範（不論內容為何、如何發展成形、有什麼其他功用）如何作為說明理由的基礎？嫻熟的規範使用者被要求為某個決定提出正當理由、裁定爭端或提供建議時，他們會將具體案例與規範內建的類別、程序及規定加以配對。和慣例一樣，奠基於規範的理由，其可信度取決於適切與否，而非敘事和技術描述所重視的因果正確性。以法律規範來說，不論當事人對於當下的案件進行何種因果推論，更重要的還是行為證據與現有法律類別的配對。

律師、教授暨法官約翰．T．諾南（John T. Noonan）如此作結：「人不是法律研究的標的，規定才是」[7]。法律專家探詢的是某個行為屬於什麼類別、案件參與者（包括律師、法官和陪審員）是否遵從可接受的程序、案件適用哪些依法制定的規定。

公式的操作

另一起紐澤西不當影響案件突顯出適切性邏輯的重要性。安娜．維隆．卡塔利（Anna Villone Catelli）是無子女的獨居寡婦，她的兄弟羅伯．維隆（Robert Villone）於一九九四年過世，財產大部分遺留給侄兒湯瑪士．維隆 (Thomas Villone)。湯瑪士是住在亞利桑那州的自營業長程卡車司機，他打給安娜，告知她兄弟的死訊。在此之前，安娜和湯瑪士幾乎沒見過面，安娜請他下次來到紐澤西時來拜訪她。於是湯瑪士開始定期探訪安娜。

安娜擁有家族企業卓越房地產有限公司 (Excelsior Realty Ltd.) 的大部分股權，安娜的另一位侄兒喬治．維隆 (George Villone) 擔任該公司一般合夥人。一九九四年初，安娜諮詢律師並簽署遺囑，將遺產分給親戚、朋友和兩間教會，剩下則留給醫生兼密友柯波拉醫師 (Dr. Coppola)。假如柯波拉醫師無法行使代理人的權利，則由湯瑪士代為處理。在一九九四年的遺囑中，湯瑪士只是眾多受益人之一，其中也包含喬治。那一年，安娜遭遇嚴重中風，因此癱瘓、語言能力與視力大幅受損。身為安娜法律代理人的柯波拉醫師將她送往花園露臺療養院 (Garden Terrace Nursing Home) 接受照護。湯瑪士從亞利桑那來往紐澤西時，持續前往療養院拜訪安娜。

一九九五年十一月，柯波拉醫師打給住在亞利桑那的湯瑪士，告訴他安娜決定指定他擔任唯一繼承人。三天後，柯波拉醫師過世，其子將財產文件轉交給湯瑪士。湯瑪士在亞利桑那州聘請律師擬出一份生前信託及遺囑，指定自己擔任執行人與唯一繼承人。湯瑪士只有高中學歷，除了擔任過舅舅羅伯的執行人外，別無法律背景，那位亞利桑那律師指示湯瑪士也僱用一位紐澤西律師審閱這些文件，並建議替安娜聘請另一位律師以維護她的利益。不過湯瑪士並未照做，而是於一九九六年一月開車前往紐澤西，直奔療養院，花了三天時間把這些文件讀給安娜聽。

此時安娜視力已嚴重衰退，無法自行閱讀，幾乎全身癱瘓。

> 每天視察安娜的療養院管理員承認，儘管她中風的恢復狀況稍有進展，不過身體機能已嚴重衰退，短期記憶大幅受損，視力嚴重惡化。安娜需要療養院員工的全面照料，餵食、洗澡等基本需求都要每天協助。在簽署文件前三天，安娜並未離開房間，而是一直待在床上，時不時陷入昏睡，幾乎無法與任何人溝通。[8]

在閱讀文件的第三天，湯瑪士請安娜在遺囑簽名處畫上一個「×」，並請療養院管理員見證、公證其簽名。

安娜到隔年一九九七年才離世，不過湯瑪士一拿到她的簽名就開始行動。他不再開卡車工作，並指派自己擔任信託的全職管理者，也幾乎是立刻從信託基金開出三萬元的支票給自己和家人。他還提起訴訟，欲從喬治．維隆手中取得安娜的卓越房地產有限公司股權；但喬治表達反對。安娜過世以後，湯瑪士向喬治及其公司提起告訴，要求將卓越房地產股權移轉給自己，並提交一九九六年的遺囑，要求認證其有效性。審酌喬治所提出的異議後，法官判定湯瑪士對一九九六年的生前信託及遺囑簽署施加了不當影響。

審理案件的紐澤西法庭重新建構了安娜、湯瑪士、喬治和柯波拉醫師的敘事，他們毫無疑問地有評估過事件的因果過程，尤其審視了湯瑪士是怎樣塑造出對自己如此有利的結果。不過，法律程序看重的不是事情經過或緣由，而是有效遺囑的要件，特別是遺囑人是否瞭解自己所簽署的內容。他們仔細檢視合適的類別（有行為能力的遺囑人）、處理證據的程序（關於遺囑人意圖的有效紀錄）和解讀性規定（確認行為能力及影響的方式）這三個項目。

最後，法院判定安娜視力過差，無法閱讀湯瑪士提供的文件，也無法瞭解其內容。

紐澤西的法律判決突顯以下三點：⑴湯瑪士和安娜之間具有信任關係，因此舉證責任從喬治轉移到他身上；⑵安娜無法閱讀文件，且缺乏第三方在場，無法證明安娜確實瞭解並同意文件內容；⑶湯瑪士並未聘請律師來代表安娜的利益。因此法庭宣判湯瑪士向安娜閱讀的那份一九九六年遺囑無效。

細思之後，這項判決背後的涵義其實頗令人意外。判決顯示，只要湯瑪士滿足第二、三點的法律要求，安娜於一九九六年指定他為唯一繼承人的遺囑就很可能會生效。畢竟安娜的兄弟之前就已將大部分財產遺贈給他，也沒有碰到什麼爭議，柯波拉醫師也在自己過世之前不久透過電話傳達了安娜的決定。安娜如何及為什麼在一九九六年一月於修改的遺囑中簽上「×」，雖然案件大篇幅記錄這段敘事，但這段因果敘事的真偽並不是法院判決的依據。

簡言之，判決將敘事內容轉譯為規範，湯瑪士得到不利判決是因為他的行為與法律規範不符。

從定義來說，法律爭端須訴諸規範。在爭端中，法律請求及判決所強調的，通常是法律承認的事實與現行原則間的對應，而非因果解釋。類別、程序與被援引的規定都可能引發質疑。針對錯誤提出的主張，有時是向事實提出質疑，不過更常是因為誤用或忽視現行原則而提出。法律爭端的這些特點與我們的討論息息相關，因為這些特點突顯了因規範而產生的意見分歧，有別於其他類型的意見分歧。

慣例能潤滑人際關係，不需要額外專家知識。關於慣例的爭端，其焦點通常是慣例內容對於理由提供者與接收者之間的關係有何涵義，而非其內容是否符合現有原則。敘事開放各種解釋互相競逐，不過採用的是許多人共通的用語。技術描述和規範有一共同點，就是兩者皆需習得專業知識，不過技術描述較不重視適切性邏輯，而是各方不同的因果主張❷。在醫療實踐中廣泛使用規範的現象則有助於釐清這些區別。

醫療規範

我們已看過醫務人員透過慣例、敘事及技術描述的形式提供理由。不過我們還沒意

❷ 不過下一章將會說明，技術爭端的焦點有時會是量測與統計的實踐及方式，這類爭端則偏向規範。

識到，其實規範也是醫學領域的要角。人類的健康與疾病錯綜複雜，沒有任何護理師、醫師或技術人員能夠對於患者當下的情況提供完整詳盡的解釋，醫療規範能透過以下數種方式簡化其複雜程度：

1. 將症狀分門別類，以便從業人員將患者的問題歸類為可能的病症，通常是疾病或受傷。
2. 提供標準化詞彙，以便從業人員用來指稱在患者身上觀察到的病症，也可透過此標準化詞彙與其他專業人士溝通自己對於相關病症的解讀。
3. 在診斷與治療方式之間進行合適的配對，配對方式通常摘要整理於手冊及教科書中。
4. 綜合上述三點，設定優秀實踐的標準，以便醫學教授用以評量其臨床學生、審查委員會評鑑醫院，或是法庭裁判處置失當的訴訟。

雖然經驗老道的醫師必定瞭解患者、疾患及治療方式與現有規範之間的差距，不過還是有大量醫療實踐根據既定規範來搭配療法與病症[9]：這位患者屬於什麼類別？在此類別中，醫療人員應該如何搜集、處理、記錄患者病症的證據資料？這樣的類別與證據適用什麼療法？

長久以來，規範在醫學教育中隨處可見。社會學家亞倫．西庫雷爾（Aaron Cicourel）與醫療團隊長期合作，近距離觀察他們實際的工作方式。一九七〇年代，西庫雷爾記錄某間大學附屬醫院風濕科的一位女性受訓研究醫師與男性主治醫師的對話：

研究醫師：好的，下一位是艾蓮娜・路易斯（Elena Louis），四十四歲，從腫瘤科轉到這裡。這兩年來，她一開始是出現紅斑，接著第二和第三掌骨以及兩手近指間關節開始腫脹，先是一隻手，後來兩手都有。腳踝也有關節炎的現象，外踝表面出現一個紅色斑點，接著出現腫脹。紅斑出現後二十四小時內會開始疼痛、腫脹。這樣的症狀持續了幾天後消退。不過出現症狀時，疼痛非常劇烈，大幅限制手的活動和步行能力。除了背部和其他關節稍微僵硬外，患者並未對關節問題感到太過困擾。手肘和肩膀也沒有任何問題。沒有出現結節，沒有雷諾氏病（Raynaud），也沒有薛格連氏症候群（Sjogrens）。她長期感到疲勞。腿部開始經常抽筋。家族沒有關節炎病史。沒有偶發性晨吐，但沒有真的……

主治醫師：問題持續多久了？

研究醫師：兩年。她曾在聖米蓋（St. Miguel）醫院給一位布朗伯格醫師（Dr. Blumberg）看診，他們說她罹患退化性關節疾病。在那之前，她還有看過另一位醫師，那位醫師的診斷是類風濕關節炎。她曾經接受妥力汀（tolectin）藥物治療，但患者覺得沒有幫助，目前沒有服用任何藥物……嗯。

主治醫師：沒有器質性疾病吧？

研究醫師：沒有。不過當時她重達三百八十磅，現在已經減去二百磅。一九七〇年左右在利弗岱爾（Riverdale）曾發生腸阻塞……

主治醫師：貨真價實的腸阻塞？

研究醫師：她是這麼說的。[10]

這裡發生什麼事？如西庫雷爾對此情況的分析，受訓研究醫師試圖區分患者罹患哪一種風濕性疾病，類別包括：

- 類風濕關節炎
- 骨關節炎
- 變異型類風濕
- 全身性紅斑狼瘡
- 痛風性關節炎

這些類別都有各自的標準臨床描述，受訓研究醫師必須根據她對患者的所知與這些類別進行配對。她的敘述排除掉類風濕關節炎、變異型類風濕、狼瘡和痛風性關節炎，偏向認為是骨關節炎。事實上，主治醫師稍後告訴西庫雷爾，受訓研究醫師認定的骨關節炎為誤診，進一步檢查後發現患者罹患的其實是類風濕關節炎[11]。我們看到一位新手醫師在導師的協助下學習如何進行雙重轉換：從觀察、問診、身體檢查，將這些資訊轉換為可辨識的症狀，接著將症狀轉換為標準診斷。西庫雷爾的敘事中並未提及的下一步則是為診斷搭配合適的治療方法。以上就是將事實與規範進行配對的過程。

和前述大學的規定一樣，使用現行規範遭遇問題時，醫療規範也會有所改變。規範也會因為科學及臨床研究而有所變更。對任何一位二十一世紀的風濕科醫師來說，西庫雷爾觀察的醫院所採用的一九七〇年代規範看起來一定很有年代感。現行的關節炎類別包括纖維肌痛、骨壞死、骨質疏鬆症、佩吉特氏病、貝塞特氏疾病、萊姆病以及多種一九七〇年代未列出的疾病，但骨關節炎已被排除在外。不過醫師將觀察結果與症狀進行配對，再將症狀配對到既有規範，這種作法仍主導著患者主訴到治療的整個過程。

美國醫療界長久以來透過巡房 (Grand Rounds) 這項醫院例行工作來突顯實踐與規範的關聯。早期巡房時，醫院各科的主任醫師會帶領資淺醫師巡視病房，碰到「有意思的」患者時停留進行診察，對於診斷及治療方式提供意見或詢問資淺醫師的看法，並利用這個機會教導如何針對觀察、病歷資料、診斷及治療進行合適的配對。巡房通常以總會作結，巡房成員會討論剛剛看到的病歷，有時甚至請患者參與，進行進一步的問診。五十年前我在波士頓精神病院服務期間，偶爾也會旁聽巡房之後的會議。

許多醫院仍有巡房措施，各科主治醫師、住院醫師、實習醫師和醫學院學生會在此過程中討論該科收治的患者。有一本關於主治及住院醫師的巡房手冊，描述了主治醫師（高夫）、住院醫師（艾爾）和醫學院學生（蘇珊）之間的會議對話：

蘇珊針對一名出現嚴重呼吸道問題的患者進行報告之後，高夫醫師詢問：「檢視這些症狀後，你認為患者可能罹患什麼疾病？」

蘇珊遲疑地回答：「肉狀瘤？」

高夫立即反問：「肉狀瘤！這和肉狀瘤有什麼相符之處？」

蘇珊回答：「呃，這是一種侷限性疾病。」

高夫繼續問道：「多少比例的肉狀瘤患者不會在X光中顯示徵兆？」

蘇珊答不出來，因此住院醫師艾爾插話道：「三成。」

高夫果斷地表示：「所以說胸部X光很重要，因為有七成的肉狀瘤患者可以透過X光看出來。」[12]

這類巡房會議能提供大量臨床教學。再次強調，主治醫師正在教導學生如何將臨床觀察與診斷進行配對，再根據診斷搭配合適的治療方式。

不過近幾年來，由於開放式病房數量減少，患者隱私保護意識提高，診斷技術也愈來愈複雜，因此現今巡房的形式愈來愈偏向醫學院論壇，組成要素包括講者、演講、討論，有時還有製藥產業宣傳新藥的贊助廣告[13]。在網路時代，巡房甚至演變為病例的線上報告，向全世界播送。舉例來說，貝勒醫學院 (Baylor College of Medicine) 就定期透過網路向大眾介紹病例。二〇〇二年貝勒醫學院醫師介紹某個甲狀腺炎病例時，他們提出問題供線上參與者討論，每道問題之後都有一個「請按此處回答」的按鈕，他們的問題包括：

1. 這位患者頸痛和壓痛的鑑別診斷 (differential diagnosis) 是什麼？
2. 促甲狀腺素低落和甲狀腺素升高的鑑別診斷是什麼？
3. 根據這些鑑別診斷，有何可能的治療選項？
4. 目前還有什麼其他的鑑別診斷？
5. 哪些檢驗可能有助於做出診斷？[14]

不過，就連現代版本的巡房，同樣也是以搭配臨床觀察及診斷、治療規範為重心。從西庫雷爾一九七〇年代的觀察至今，美國醫師愈感壓力，覺得有必要讓自己搭配規範的行為更加明顯、公開、標準化[15]。為回應律師、道德倫理學家、保險業者、醫院管理人員、醫療照護管理機構的介入，醫生提出所謂的「實證醫學」(evidence-based medicine)：

在臨床實踐中採用實證醫學，醫師的行為會需要進行調整。多年來，臨床決策的主要依據是醫師的知識庫和專家意見；其決策的責任主要在於對病患的治療結果是否達到受認可的目標，而不是對醫療照護保險公司負責。假如患者提起法律訴訟，則由州政府的醫學委員會負責「最終」裁判。現在大眾期望醫師建立、維護並改善照護標準，這套標準應具備可量測的結果，並能適用高品質管控與責任歸屬的規定。由於大眾媒體對醫學進展的報導、網路提供的相關資訊及全球化，使得患者愈來愈精明，他們開始要求醫師提供證據，以為他們選擇的治療或檢驗方式背書。醫療成本急遽升高，也促使醫療照護保險公司開始建立處方集與治療指南，這些都進一步影響了醫師的決定。[16]

實證醫學不一定能治癒疾病或拯救生命[17]，不過相較於早期醫療訓練，既定規範在當代醫療實踐中確實享有更受尊崇的地位。

醫療不當處置

醫療不當處置的訴訟能明白突顯醫療規範的重要性。當醫療過程中或處置之後出現嚴重差錯，患者或其家屬通常會向責任醫師或機構提起訴訟。一個律師網站將諸多醫療意外事故依照字母順序排列，條列出醫療不當處置的「有力案件」(strong cases)：

麻醉

一位患者接受手術並以鹵神（氟烷，fluothane）作為麻醉劑，但該名患者先前罹患膽道疾病，因此照理不得使用這種麻醉劑。患者因麻醉劑作用導致肝臟壞死，因而死亡。

實習麻醉師在手術結束之前用盡氧氣，導致患者心臟病發死亡。

患者接受含毛囊腫修復手術，採用硬膜外麻醉法，不過術後下肢會不由自主抖動。

血管攝影

患者接受血管攝影（血管的染色檢驗），程序執行不當導致患者出現腦傷。

燒燙傷治療

三度嚴重燒燙傷患者所接受的「燒燙傷療法」不足且不適當。

生產

嬰兒患有先天血型問題（Rh血型不合，母體產生的抗體破壞嬰兒的血液）。主治醫師及院方人員未察覺嬰兒的狀況。[18]

以上按字母排序的清單列舉一個又一個令人驚恐的意外事故，假如任何一起事故發生在你、我或自家家人身上，我們很可能也會向醫師或醫院提起告訴。

當陪審團審理這類案件並做出對原告有利的判決時，他們經常也會連帶宣判被告須給付高額賠償金。二〇〇一年，陪審團宣判布魯克林聖瑪麗醫院 (St. Mary's Hospital) 及蘭達希爾．巴賈傑醫師 (Dr. Randahir Bajaj) 須向蜜雪兒．麥考德 (Michelle McCord) 賠償 144,869,495 美元；二〇〇二年，被告院方及醫師對此提起上訴。據《紐約法律期刊》(*New York Law Journal*) 報導，這項判決是當年全美最高額的醫療不當處置賠償[19]。一九八八年，二十八歲的麥考德當時懷有七個半月身孕，在加熱吸用快克古柯鹼後出現呼吸困難，於是被送往聖瑪麗醫院急診室。急診室人員由患者口部插入呼吸管，經氣管輸送氧氣至肺部。當天稍晚，患者情況似乎穩定了下來，聖瑪麗醫院團隊在巴賈傑醫師的監督下移除呼吸管。不過在移除過程中，麥考德因痙攣而導致喉頭閉鎖，醫療人員無法重新插入呼吸管。雖然外科醫師接手執行氣管切開術，重新插入新的呼吸管，不過在這個過程中，麥考德心跳已經停止，導致永久性腦傷。

麥考德在聖瑪麗醫院住院八個月後，就被接連移送到不同的長期團體照護機構。十三年後，當陪審團終於對麥考德的案件作出判決時，她的身體仍然維持在低度活動機能的狀態。陪審團判定，醫院須為其腦傷負擔75%的責任，另25%則歸責於下令移除呼吸管的巴賈傑醫師。陪審團「發現在麥考德女士的案例中，被告數度背離良好可接受的醫療實踐。」陪審團判決的賠償金包括「過去損失收入 383,161 美元、未來三十一年損失收入 957,696 美元；過去醫療費用二百萬美元，未來三十一年醫療費用 11,528,636 美元；過去痛苦與折磨賠償三千萬美元，未來三十一年的痛苦與折磨賠償一億美元」[20]。上訴法院駁回聖瑪麗醫院的重審請求，不過建議將賠償金額減至 7,032,560 美元，前後相差高達 1.37 億美元！此外，法院也表示，假如雙方對於降低幅度意見不一，可再針對金額進行重審[21]。即便金額大幅降低，對醫院及醫師來說，這筆賠償金仍是對不當處置的鉅額罰款。

一九九九至二〇〇一年間，美國陪審團審理醫療不當處置判決賠償金的中位數由七十萬美元提高至一百萬美元[22]。同一時期，醫師及醫院不當處置保險的保費也大幅提升，不過主要原因可能是不當處置保險公司其他方面的獲利整體下滑（例如投資收入減少），而非賠償金額提高[23]。事實上，當時不當處置保險主要並非由商業保險公司承保，而是由醫師的共同基金負擔，或是由大型醫療機構自辦保險[24]。不過隨著保費提升，庭審律師、保險業者、醫師團體及立法者開始公開互相指責。部分商業保險業者停止承保不當處置的保險業務，醫療機構要求向不當處置保費施加管控，也有人要求設定法庭和解金額的上限。不過律師團體則表示，設定和解金額上限對醫療不法行為的受害者相當不利[25]。

儘管高額賠償金佔據頭條，引發轟動，不過對律師來說，醫療不當處置屬於高風險案件。宣稱自身或親人受到不當處置傷害的原告往往經濟狀況欠佳，因此律師通常採用勝訴分成的方式收費，扣除記錄在案的成本後，收取最終賠償金的三分之一至二分之一[26]。庭審律師勝訴機率其實不高。二〇〇三年，美國審計總署（U.S. General Accounting Office）研究人員諮詢某州庭審律師協會及幾間保險業者後，估算出以下醫療不當處置訴訟案結果的相關數字：

原告（疑似不當處置的受害者）獲得賠償的比例：14－50%

進入審理階段的案件比例：5－7%

所有受審案件中，被告（醫院及／或醫生）獲得勝訴的比例：70－86%[27]

根據上述數字，大約只有十六分之一（5%至7%）的案件進入審理階段，而在這些案件中，只有14%至30%的原告獲得勝訴，也就是說，所有案件約只有1%至2%的結局是原告勝訴。因此我們可以合理估計，就算庭審律師接下律師網站所謂明顯的「有力案件」，律師獲得報酬的機率大概也只有三分之一，主要視被告是否願意在進入審理程序之前和解而定。

美國的醫療不當處置案例數量激增，這類案件多半符合一套標準形式。雙方法律團隊會尋求（並聘請）形象專業的合格醫師，這些專家醫師同意針對以下三個（或其中部分）問題作證：⑴在這個診斷及治療領域主要有哪些醫學或醫院實踐標準；⑵醫師或醫院是否違反這些標準；⑶這樣的違規行為是否導致患者疑似受到的傷害。雖然第三點涉及因果問題，不過證詞和爭點通常圍繞於前兩點。在這兩個問題中，醫師作證的關鍵點在於規範，以及行為是否符合規範。醫療專業人士是否將患者歸類為正確的類別？是否適當地搜集並記錄患者病症的相關證據？是否遵從合適的治療規定？

實證醫學之所以出現，部分原因正是為了回應這類標準化的規範，而這個學說體系的存在也因被法院用來衡量醫療行為而公之於眾。當案件被交由陪審團裁決時，法官會指示陪審團考量兩造證詞所呈現的事實，也會指導他們將這些事實與該診治領域通行的醫學或醫院實踐標準進行配對。雙方的醫師專家會作證指出被認可的醫療實踐行為，此外，原告及被告的律師也經常引用教科書、醫學出版物及之前的法院判例，目的也都是將行為與眾所周知的規範進行配對。因此，醫師及醫院人員可以自行判斷因果關係的裁量範圍愈來愈小[28]。

將敘事轉換為規範

規範盛行於較侷限在少數專業人士的法律及醫療領域中。規範是拉比（猶太教領袖）、律師、官僚人員、體育比賽裁判及醫學倫理學家等專家所用的語言。布道、課堂、PowerPoint 簡報、手冊及操作說明中各種實際應用所遵從的簡短原則也都屬於規範。不過日常社會生活大多與規範的施行無關。如果請某人描述或解釋他們所目睹或參與的社會事件，很少有人會提到規範的類別、程序或規定。

一般人（包括專業領域之外的你和我）都是以敘事來包裝描述及解釋。因此，某些專業人士專精於搜集敘事並將之轉換為規範。在急診室中，檢傷護理師記錄病歷，進行暫時的診斷及治療分類；社工訪問救濟申請者，判斷他們領取福利的資格；牧師聽取懺悔，據此提供悔過之道；警方審訊人員聽取自白，作為刑事審判之用。我們之前看到一位住院醫師將問診內容（患者的敘事）轉換為依據規範進行診斷的素材。這些專業人士都在進行雙重轉換：將因果敘述轉換為公式；將普遍用語轉換為專業論述。

以警方審訊為例。負責訊問的警員通常知道嫌犯遭指控的罪名，對於犯罪行為的發生過程具有粗略概念，此時警員面對三項艱鉅任務：(1)利用嫌犯的答覆來進一步釐清事發經過；(2)判斷嫌犯是否確實犯下罪行或有其他可受懲處的不法行為；(3)提出問題與質疑，從嫌犯的答覆中引出能對應到相關法律規範所定義的犯罪要件。第三項任務涉及將敘事內容轉換為規範。警方訊問員將搜集到的資訊與組成刑法規範的類別、證據處理程序及解讀性規定進行配對。

詹姆斯．馬丁(James Martin)從小偷小搶的罪犯演變成謀殺犯，以下以他的訊問過程為例。一九九〇年代初期，加州聖塔芭芭拉(Santa Barbara)的公設辯護人辦公室聘請社會學家傑克．卡茲(Jack Katz)，請他在量刑階段為詹姆斯．馬丁在奧克拉荷馬州的刑事審判案件提供辯護協助。馬丁在奧克拉荷馬州的犯罪記錄罄竹難書，包括詐欺、偽造和順手牽羊。一九九一年，奧克拉荷馬當地警方基於新的罪名對馬丁展開搜捕。他從自己任職的一處拖車停車場偷走了一把手槍，沒經過自己妻子允許就開走她的車，逃往加州的貝克斯菲爾德 (Bakersfield) 投靠親戚。

不過馬丁與他在貝克斯菲爾德的親戚發生爭執，於是轉而前往加州范朵拉 (Ventura)，他在該處海邊看到一輛很漂亮的露營車。他拿出手槍，劫持露營車，殺害六十八歲的加拿大女性車主，棄屍在聖塔芭芭拉偏遠地帶的小路上，再駕車回到貝克斯菲爾德。親戚告訴他，他們從警察電臺聽到消息，警方已經開始搜尋那輛露營車。於是馬丁棄車逃逸，再次來到范朵拉，試圖謀殺一位遊民未遂，劫走他的小貨車，前往拉斯維加斯。他在拉斯維加斯入室搶劫時，再度殺害六十五歲的盲人屋主。

之後馬丁從二手車經銷商那騙走一臺汽車，驅車逃往德州。經過新墨西哥州及德州州界的美國邊境管制點時，馬丁棄置手槍，卻被邊境警方拾獲，還在他的車上找到眾多可疑證據（包括一只警徽）。邊境警員聯絡內華達州及加州警方，馬丁很快就被列為兩起謀殺案的嫌疑犯。聖塔芭芭拉郡副警長弗瑞德．雷 (Fred Ray) 和艾德．斯凱漢 (Ed

Skehan）前往新墨西哥州，負責審問詹姆斯．馬丁。警方錄下長達四小時的訊問過程。在盤問過程中，馬丁的回答成了他之後遭定罪謀殺罪的證詞。訊問員警一再詢問馬丁在范朵拉的事發經過（馬丁的敘事），接著指出前後不一之處，或引入新的資訊。卡茲則擔任外部專家，替被告辯護方分析訊問過程的錄影，試圖從中找出可能爭取較輕量刑的依據。

不過錄影帶錄下的過程令辯護方坐立難安。馬丁的敘事一再否認或淡化自己對於范朵拉及拉斯維加斯兩起罪案的責任。副警長聆聽他的說法，接著多次提出動搖其敘事的細節資訊。舉例來說，起初馬丁宣稱自己偷走露營車時，上頭空無一人，並用自己一長串小偷小搶的犯罪記錄增加此次的可信度。馬丁提出這個說法後，訊問員警「表示有兩位年輕男子在停車場看到他將露營車駕駛推到車後，然後開走」[29]。

卡茲仔細分析馬丁在這段迂迴交鋒對話中的言詞及肢體語言，尤其是副警長的回覆令馬丁不知所措而哭泣的兩個段落。卡茲提供了令人驚嘆的細節，讓我們瞭解警方如何引導馬丁說出他們所需的自白，用於與相關規範進行配對——更精確來說，在此案例中就是根據規範進行定罪。比方說，警方提出「兩位年輕男子」的目擊者後，斯凱漢副警長指出：「在這裡，蓄意與否有很大的區別。」馬丁放鬆警戒，點頭表示同意，接著副警長追問道：「你把車開走的時候，的確是載著車主女士吧？」馬丁不安地扭動身體，最後回答：「對。」[30]警方取得第一項定罪自白。

危機接踵而來，訊問者已經掌握立案證據。副警長雷接著說道：「好，我們知道了。現在關於那把槍……你用來射殺車主的槍，和你在奧克拉荷馬偷來的是同一把，對嗎？」副警長用手指比出槍的手勢，指著馬丁的額頭說：「我們找到那把槍了。」卡茲接著總結道：

> 馬丁才剛得知警方有兩位目擊證人，突然他又發現自己在邊境管制點附近棄置的手槍已經被警方尋獲。針對雷的問題：「同一把槍，對嗎？」馬丁回答道：「對，我想是吧。」警方針對這個無限定自白 (unqualified admission)❸進一步追問，斯凱漢問道：「不，是嗎？」雷問：「用來射殺她的同一把槍？」

❸ 譯註：單純承認而未多加解釋的自白。

馬丁輕聲說：「老天」，視線垂下來，接著說：「我知道這會害我坐上電椅，你知道的。」[31]

在這之後，馬丁多次改變、闡釋自己的敘事，在重述事發經過和當下狀態時兩度哭泣。他表示，自己開走露營車時是酒醉狀態，宣稱一定是車上的第三人殺害了車主，也表示駛近邊境管制點時曾考慮舉槍自盡。

針對遭劫走的小貨車車主和拉斯維加斯被害男子，訊問者又陸續提供了更多新資訊。馬丁開始把自己描述為受排拒、孤獨、絕望、不幸的倒楣鬼，表示不知道自己在幹嘛。從詹姆斯．馬丁不斷變換的敘事中，聖塔芭芭拉的副警長一步步地取得依規範定罪的所需材料。無可避免地，檢察官利用副警長搜集到的自白，將馬丁歸類為謀殺犯這個法律類別，並將自白當作其行為的證據，以適當的法律形式，與實體證據和目擊者證詞一併作為呈堂證供。檢方還會將詹姆斯．馬丁的案件與謀殺案審判的類別、證據處理程序及判決規定進行配對。

規範的代價

並非每次將敘事轉換為規範都以電椅為結局。應徵工作、調查訪談、履歷、訃聞、引用榮譽論文等通常都需要其作者或其他專家將原本敘事形式的敘述轉換成符合特定格式的內容，以便符合既定規範。最近申請俄羅斯簽證時，我得列出過去十年造訪的所有國家及造訪日期。填寫申請表的這個部分時，我得逐年回憶一連串敘事，然後對照（幸好有保留下來的）口袋年曆來確認日期。申請表中另一個部分請我列出我任職過的所有機構，這時我放棄了，只寫上「太多了，數不清，多數是專業機構」。俄羅斯官僚人員沒興趣聽我的敘事，不過他們堅持要我列出國外旅遊經歷與任職機構，以便與他們內部的可疑活動範本進行對照。他們請我將我混亂的人生轉換為對照規範所需的原始資料；他們要求的是能與其類別、證據處理程序及解讀性規定進行配對的資料。

我們外人將理由組織成慣例、敘事或技術描述時，常覺得規範尤其惱人。我們會抱怨「那些官僚人員」，質疑他們何必曲解完全合理的事實及理由，何苦搞得那麼複雜。即便在內部，反叛的神學家也會抱怨傳統的解讀方法；反叛的醫師反對阻撓有效個人化治療方法的規定；反叛的律師反對法律去人性化。任教於福坦莫法學院 (Fordham Law School) 的律師、哲學家暨小說家塞恩．羅森鮑姆 (Thane Rosenbaum) 提出譴責，他主張：

法律體系似乎總是忽視大眾對於法律懷有期待，而這份期待與法律對自己設定的狹隘願景有所衝突。真相 (truth) 就是信任破滅的一個例子。法律體系的運作深知多數案件最終無法伸張任何真相。事實上，審判、和解和認罪協議的結果通常不是掩蓋真相就是混淆真相。法律體系自滿於瞭解事實 (fact)。假如事實剛好等同真相，也是純屬偶然，而非法律體系追求的目標。不過，事實和真相是兩個完全不同的概念。事實不一定是真相，事實只需要被發掘並套用於法律。事實是司法體系的產物，而真相則是道德世界的標章。事實屬於法律體系；真相屬於道德世界。找到法律事實就能達成法律體系所認定的正義，但在情感與實質真相的道德面向仍無法獲得滿足。[32]

小說家羅森鮑姆之後對比了說故事的治癒力量與法律的傷害效果，要求法律也學習為不當行為的受害者提供療癒，因為「他們必須體會到這一點，這是小說家已然明瞭且受害者直覺明白的事情：假如故事不被傾聽，受害者為自己的痛苦發聲的道德權利遭到否認，那就不可能獲得傷後的情緒療癒」[33]。

簡言之，規範的適切性邏輯與敘事的因果道德邏輯相悖[34]。我們已經看到繼承、機構行為、醫學分析、醫療不當處置及犯罪相關規範鮮明地顯現如此對比。假如我們檢視倫理學、牧道神學、建築標準、法律程序或任何專業法規領域，也都會碰到敘事與規範之間的相同落差。在社會生活中，規範和敘事的功用大不相同。

規範來自機構對其轄下思想、資源、活動及人員漸進施加的秩序[35]。一旦成形，規範就會對為機構效力、或無法逃脫管控的人們之生活產生深遠影響；在這些領域中，規範會形塑人們對其作為或不作為所提供的理由。即便我們試圖逃避或推翻規範，規範還是有其重要性。

第五章

技術描述

戰爭催生了美國國家科學院 (National Academy of Sciences, NAS) 及其研究分支美國國家研究委員會 (National Research Council, NRC)。南北戰爭期間，總統林肯 (Abraham Lincoln) 招募了國家科學機構，協助北方聯邦最終擊敗南方邦聯。艾利克斯．羅蘭 (Alex Roland) 指出：「美國國家科學院於南北戰爭期間創立，目的是協助聯邦政府應對大批湧進華盛頓❶的新發明提案，其中許多與戰爭事務有關」[1]。一八六二年，應用科學顯現了其戰爭價值，北方鐵甲艦莫尼特號 (Monitor) 擊沉南方鐵甲艦梅里馬克號 (Merrimac)，開啟海戰的新章。在此同時，後膛槍和連發步槍、水雷和地雷、電報、鐵路、機關槍等早期發明（至今仍是應用科學奇跡）也改變了陸戰形式。

政府科學家長久以來期望美國也能打造出與法國科學院匹敵的機構，他們透過美國海軍說服國會實現這個夢想[2]。一八六三年三月，總統林肯簽署《美國國家科學院設立法》(Act to Incorporate the National Academy of Sciences)，宣告：

❶ 譯註：北方聯邦首都。

科學院隨時接受政府任何部門要求，針對科學或藝術任何主題進行調查、檢視、實驗及報告，其實際開支由專項撥款支付，但科學院不得從服務美國政府中收受任何酬勞。3

雖然科學院最初的五十名成員包括傑出的非軍方學者，例如哈佛大學瑞士裔自然學家路易．阿加西（Louis Agassiz），以及十三位來自陸軍及海軍的學者。結果，這樣的NAS對於北方聯邦在南北戰爭中的勝利並無多大貢獻。國會擔心這所新創立的科學院可能成為白吃白喝科學家的據點，因此《設立法》中「不得收受酬勞」的條款就是為了安撫國會的憂慮。不過科學院的建立確實證明並鞏固了科學與政府之間的聯繫。

南北戰爭之後，NAS於和平時期持續為政府效力，同時也成為美國頂尖研究人員討論科學議題的主要論壇。一戰期間，為了擴展NAS對政府的服務，總統威爾遜（Thomas Woodrow Wilson）要求其設立臨時研究機關，也就是國家研究委員會。NRC為威爾遜總統的作戰策略提供許多貢獻，戰後即成為永久機構，自此開始擔任美國科學資訊交換的重要平臺，同時也是科學正統的權威認證機構。

至二十世紀末，NAS 成員已增長至一千八百人，每年由現有成員推選七十至八十名新成員來替補過世成員，此外還成立兩個平行學術機構：美國國家工程院 (National Academy of Engineering) 與醫學研究院 (Institute of Medicine)，三者皆與 NRC 共同合作。NAS 還出版了傑出科學期刊《美國國家科學院院刊》(*Proceedings of the National Academy of Sciences*)。此外，NRC 成立委員會及工作小組，對全國關注的科學議題進行彙報。有時，政府機關為應付自己所面對的科學問題（例如政府引發的公眾爭議），會請求 NRC 整理相關報告；而這些學術機構與 NRC 內部小組有時也會尋求政府或基金會支持，協助其自行發起的調查。

舉例來說，我曾經任職於 NRC 的行為及社會科學預防核子戰爭貢獻委員會 (Committee on Contributions of Behavioral and Social Science to the Prevention of Nuclear War)。之所以成立這個委員會，是因為我們認為美國軍事策略家忽視現行可得的社會科學研究結果，從而忽略了能降低核子災難發生機率的社會過程。我們向多個基金會勸說行為及社會科學研究對此議題的重要性。每年工作告一段落後，我們常打趣引用「後此故因此」(post hoc, propter hoc) 的古老謬誤：既然今年沒有發生核子戰爭，代表行為與社會科學顯然再次發揮功效。不過除了打趣之外，我們確實針對國際衝突發生原因及預防之道的議題，彙整並報告了相當優秀的學術論著[4]。不過冷戰結束也宣告了我們的失業，外部贊助機構認為核子戰爭的風險已大幅降低，預防措施可有可無，至少對他們來說是如此。同樣，NRC 委員會及其報告的主題會隨著政府機關、基金會及學術機構整體關注議題的轉變而有所改變。

NRC 持續進行各項研究計畫，比如，二〇〇四年六月，美國國家學院（National Academies，包含美國國家科學院、工程院和醫學研究院）網站上列出近期發表的報告：

- 建築潮濕與黴菌是否為氣喘等呼吸道疾病的成因
- 某些疫苗是否導致自閉症
- 二〇〇四年颶風季的可能暴風型態
- 小學與中學數學課程評鑑
- 女性的社區醫療照護品質

通常這些報告是針對近來造成公眾不滿的議題，提供現行科學知識角度的見解。例如，疫苗保存劑硫柳汞和麻疹－腮腺炎－德國麻疹混合疫苗可能誘發自閉症的謠言甚囂塵上，醫學研究院就發表自閉症研究提出駁斥。有時報告也會指出，現在還無法證明某些深植人心的觀念之真實性，或是科學界目前也無法對該議題達成共識。潮濕與黴菌的研究結論指出，目前的科學成果不足以顯示黴菌和疲勞或精神疾病之間具有關聯，也無法具體說明潮濕及黴菌**如何**對氣喘產生影響，雖然統計顯示這兩者具有相關性。可想而知，這類報告結尾通常會呼籲進行更多研究。

比起物理與自然科學，行為及社會科學領域（包括心理學、經濟學、人類學、社會學、人口學、政治科學、地理學等相關學科）的NRC報告更常以不確定或分歧的見解作結。物理及自然科學家可以進行實驗，但如果針對人類進行類似實驗則會觸犯道德界線。科學家可以切開細菌、在果蠅身上誘發突變、將分子炸成碎片，然後觀察人為介入造成的影響。不過如果對人類進行這類操作，那後果恐怕是死路一條或鋃鐺入獄。社會科學家有時會以設計團體任務或認知測驗的形式進行無害實驗。不過最常見的還是透過「準實驗」(quasi-experiments) 或「自然實驗」(natural experiments) 進行密切研究，前者如問卷調查，後者如分析學校、企業或社群之間的現存差異。

這類比較幾乎一定會允許研究的過程中有數種不同因果描述，懸而無法做出結論。比起物理及自然科學家，社會科學家也更常處理參與者、觀察者及政策制定者看法大相逕庭的議題，例如社會不平等的因果關係或有效民主化的條件。因此，行為及社會科學NRC報告的結論經常呼籲，對於目前各界分歧，仍有待進一步研究。

NAS《美國國家科學院院刊》所發表的技術描述，在其專業領域之外少有人能夠理解；多數《院刊》論文牽涉的問題都需要有物理、化學或生物領域中少數內行人才懂的先備知識。期刊堆在我書桌上幾年之後，我終於取消訂閱。相反，NRC報告則是以最先進的科學技術描述為基礎，但撰文方式能讓政策制定者和具備一定教育程度的公民都可以瞭解其推論。為了達到這個目標，NRC報告通常會設法拉近專家技術描述與敘事之間的距離。完整的技術描述必須考慮或明確排除漸增、間接、環境、同步、相互效應，NRC報告則可以酌情省略。不過，與全球暖化、公共衛生、教育品質等日常討論相比，NRC委員會（包括行為及社會科學委員會）還會吸納當下的科學共識，提供自己的技術描述。

技術描述的功用

技術描述與敘事、慣例及規範有何不同？從定義上來說，技術描述結合因果解釋（而非適切性邏輯）及系統化專業學科的基礎知識（而非常識）。然而，技術描述經常透過多種不同方式與專業規範交互影響：規範授權從業人員進行非專業人士不得從事的調查類型；規範管理相關證據可得與否；從業人員自行制定規範，區分適當與不適當的程序。舉例來說，專業醫學研究設有嚴格規範，限制解剖或給藥人員的資格，或規範病例的記載方式，以及明列臨床試驗參與者的倫理規定。

顯然，技術描述就和敘事、慣例、規範一樣，都能促進專業人士群體內部的溝通。由於技術描述預設內部人士都具備相關定義、實踐與研究結果的共同知識，因此往往對這些都省略不提。正因如此，圈外人常覺得技術描述封閉而令人費解，倘若他們認為其中涉及的其實是自己熟悉的主題，就會認為技術描述充斥太多不必要的行話術語。不過在說明理由方面，技術描述和敘事、慣例及規範一樣會對關係產生影響。技術描述可以標誌內行知識者之間的關係：與其他志同道合的專業人士拉近關係；與同領域的異己之人劃清界線；向懷有抱負的新人或客戶介紹自己的專業領域；在受人尊敬的非專業人士面前樹立權威。技術描述可以建立、確認、協商、改變或甚至終結提供者與接收者之間的關係。

相較於慣例與敘事，技術描述以下這個特點較為隱晦但同樣重要：技術描述的提供者會根據他們所面對的閱聽人來調整行文方式。技術描述在此處同樣涉及關係。專業人士之間的溝通會使用縮寫，省力的同時還能標誌屬於同一團體的身分。在小圈圈之外，技術描述提供者必須附上更多上下文脈絡，通常也得加上圈外人能夠理解的比喻。科學寫作是一門藝術，《自然》(*Nature*)、《科學》(*Science*)、《科學人》(*Scientific American*) 等期刊雜誌的編輯要花費極大心力將圈內人的論述轉譯為有心向學的圈外人也能理解的語言。因此，要向有興趣的非專業人士傳達研究結果時（例如NRC報告），技術描述常常面臨獨特挑戰。調查議題愈具迫切與爭議性，建構有效技術描述、拿捏提供者與閱聽人之間關係的手段就必須愈細膩。我們來看看幾個例子。

暴力的技術描述

讓我們先來看看人際暴力的問題[5]。當然，暴力經常引發慣例（「那些人就是那樣」）、規範（「法律禁止」）、敘事（「她的童年很辛苦」）形式的理由；第三章就描述了倫敦惡棍亞瑟．哈汀向歷史學者拉斐爾．山繆提供自己年少輕狂時犯罪人生的一連串精采敘事。此外，人際暴力也會引起專業人士的關注，為人際暴力的起因提供技術描述。

一九八八年，三個政府機關要求NRC彙整暴力成因及其預防的報告：美國國家科學基金會 (National Science Foundation) 尋求優先研究順序的建議；美國國家司法研究院 (National Institute of Justice) 尋求降低暴力犯罪的建議，而疾病管制中心 (Centers for Disease Control) 尋求預防暴力行為傷亡的相關資訊[6]。國家科學基金會接受的建議包含任何規模的暴力行為，不過另兩個機關所要求的研究更偏向個人及小群體之間的暴力行為，而非戰爭、種族滅絕等大規模過程。因此，NRC所招募的專家小組偏重犯罪學、法律及心理學領域。此外，專家小組進一步將關注範圍限縮於美國當代的小規模犯罪行為。和其他小組一樣，他們也委託其他專家進行回顧研究，並綜合現行知識進行討論，對小規模人際暴力犯罪提出技術描述。

小組的觀點選擇對其研究結果、解釋與建議深具影響；這三點都著重在個人層面的過程，而非其他分析暴力的專家所強調的社會與文化等複雜面向。在這份報告中，社會情境主要只是個人行為的催化劑。研究結果條列出報告應解釋的項目如下：

- 美國近期經驗中，傷害 (assault) 為最主要的暴力犯罪型態。
- 雖然大眾普遍對陌生人發動的街頭犯罪心懷恐懼，不過多數暴力犯罪發生於相識者之間，經常是同一家庭的成員。
- 比起其他工業化國家，美國的人均暴力犯罪數量更高。
- 不過目前美國的暴力犯罪率相較於歷史高峰已有下降跡象。
- 少數種族及族裔的犯罪受害者比例高出其人口比例。
- 犯罪者大多數為男性，且少數族群不成比例地高，不過鮮少屬於職業暴力罪犯。

- 有別於一般認知，暴力犯罪及少年幫派之間的關聯性低。
- 暴力犯罪每年造成生命、健康及財產的嚴重損失。
- 研究人員發現監禁人數增加對暴力犯罪率沒有明顯影響。

雖然其他研究常會從廣泛的社會及文化面向來解釋類似結果，不過這個專家小組著重於個人層次因素，例如童年習得的好鬥模式、童年遭受性虐待、過量服用酒精及其他「精神作用」藥物、高睪固酮濃度等。社會過程是引發或促進這些個人層次因素的條件：貧困家庭的集中；區域性收入不平等；高度人口流動與分裂對地方社群有效管控年輕男子的阻礙；取得藥物、槍械等助長犯罪物品的機會[7]。

根據以上因素，專家小組建議從六大面向採取「問題解決措施」：(1)介入可能導致個人暴力行為的生理及心理發展；(2)改善助長暴力的場所、例行活動及情境；(3)盡量提高警力介入非法市場對降低暴力行為產生的作用；(4)改善槍械、酒精及其他精神作用藥物等商品在抑制或助長暴力事件及相關後果中所扮演的角色；(5)採取介入措施，降低偏見型犯罪（bias crimes）❷、幫派活動與社區改造中發生暴力的機率；(6)推行全面措施以降低伴侶間的傷害事件[8]。

以上建議均來自報告中的技術描述，參與研究的心理學家、律師及社會科學家皆同意下圖中的因果關聯：

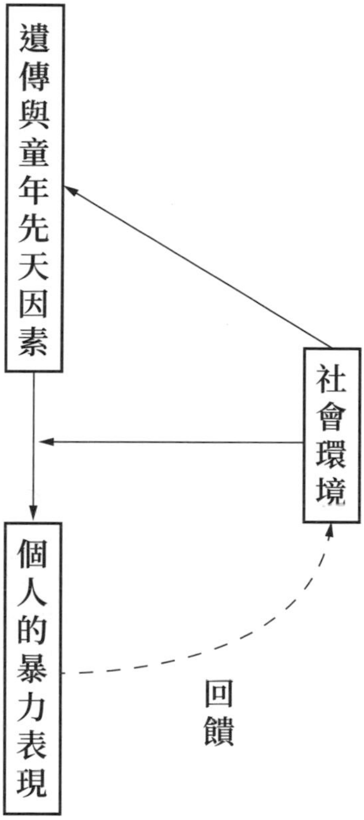

❷ 譯註：偏見型犯罪，有時也稱作仇恨犯罪，也就是針對某些社會群體的歧視或偏見犯罪行為。

這篇技術描述認為社會過程可能引發、妨礙或促進個人行為，但主要只是個人秉性與實際暴力行為之間的間接因素。就連在這類基本的技術描述中，因果關聯的複雜程度都遠超過日常敘事。此外，報告中多數作者認同「回饋」現象的存在，也就是某一地區個人暴力行為的發生頻率會影響當地的社會環境。這樣的因果推論顯示技術描述與敘事的差異，且其可信度來自作者的專業訓練，只有專業人士才能明白這些因果箭頭及其產生影響的方式。

罪行規範

報告作者偶爾也會提及規範。針對行為提出的規範性理由不關心因果關係，規範關注的是行為是否符合一套特殊的類別、證據處理程序以及解讀性規定。在這份分析暴力行為的報告中，規範扮演測量統計的角色，類似於醫學診斷及行政規定的系統，不過現在是以「統計資訊系統」的形式呈現。

報告中的證據取自三項統計資料來源：全國犯罪調查 (National Crime Survey) 每年

抽樣調查全國十二歲以上人口最近經歷過什麼類型的犯罪事件；統一犯罪報告系統(Uniform Crime Reporting System)匯整警察部門的資訊；全國衛生統計中心(National Center for Health Statistics)將謀殺被害人死亡證明彙整為表格的重要統計計畫[9]。報告作者正確地指出，針對強暴、兒童虐待、傷害等暴力犯罪，可得的統計數據大幅低估實際的嚴重程度。

他們召集的專家也意識到，這些犯罪案件的分類在道德、法律及政治上愈來愈具爭議性。比如，約會中什麼樣的親密行為屬於約會強暴？家長有無體罰其子女的法律權利？人工流產算不算是謀殺？警方對於以下事件有多大的裁量權：是否將民眾報案當作犯罪處理？是否逮捕家庭糾紛當事人？酒吧中的鬥毆傷害該如何分類？這些問題將暴力犯罪研究的重心從因果關係轉移至規範。

和其他領域的技術描述一樣，在關於犯罪的技術描述中，規範也佔有一席之地：規範授權從業人員執行非專業人士不得從事的調查類型；管理相關證據可得與否；從業人員也會自行制定區分適當與不適當程序的規範。公民有權利、甚至有義務舉報犯罪案件，不過整體來說，只有根據憲法成立的機關有權調查、起訴和懲處罪行。專業人士可得的證據多半來自現有規範，例如公開發表的犯罪統計數據。最後，警方、檢察官及研究人員也都須遵循證據搜集、分析及呈報方式的嚴格規定。

NRC報告把重點放在統計系統，他們建議調整並擴展以下面向，改善現有的統計程序：

1. 針對廣受公眾注目之暴力事件的計數及描述，現有測量統計系統的計算還不夠確實；這其中包括但不限於家庭暴力、商業及組織型搶劫中的個人受害事件、偏見型暴力犯罪、學校及監獄中的暴力事件。
2. 對性暴力進行更詳盡記錄，包括親密伴侶間的暴力事件、性成分被掩蓋的謀殺及傷害事件，此外，已記錄事件也需更完整描述。
3. 對一般認為會影響暴力事件機率的病症或情境進行基線測量統計 (baseline measurements)，例如潛在相關的神經疾病、酒醉夫妻之間的爭執、毒品交易、於夜間治安不佳的地點經手現金的員工。
4. 急診部門、醫院及長期照護機構中暴力受害者的治療資訊；誘發暴力事件相關資料的關聯；將這些資料擴展為大型估測系統。

5. 暴力受害者長、短期心理與財務影響資訊，及其和暴力事件資料的關聯。

6. 針對小型地區或轄區的暴力模式與趨勢進行測量統計，可作為預防性介入(preventive interventions)效果的評估基線。

7. 改善資訊系統以便記錄更詳細的暴力事件及當事人特徵，這項措施有利於對暴力風險因子進行更精準研究，並評估預防性介入措施的成效。[10]

這些建議尋求更多證據，要求改善犯罪活動的技術描述，以便進一步釐清暴力犯罪的因果關聯。不過這些建議的重點在於提升規範的品質：更清晰、詳盡的類別、更嚴謹的證據處理程序，及新的解讀性規定。不過如此一來，這可能就會與其他既定規範產生衝突，特別是隱私權法。在此規範制定的領域浮現的主要是適切性、而非解釋性的問題。儘管規範與技術描述說明理由的程序大相逕庭，不過我們也開始明白兩者如何相輔相成。規範揭露（或創造）經驗上的規律，而技術描述負責解釋這種規律。

然而，整體來說，NRC小組試圖建構一個技術描述，以反映對暴力犯罪各執一詞的專家們的最新共識。和許多其他NRC小組一樣，他們就公眾爭議的現象提供有科學背書的因果描述。相較於美國新聞報導、社論、政治演說、積極分子的呼籲、宗教布道及現有公共政策中關於暴力犯罪的敘事，技術描述必然更為深入，並對簡化的敘事提出質疑。技術描述關注多種因果過程、強調有行為及社會科學可靠研究支持的因果關係，使其論述更為複雜。社會經常使用慣例、敘事或規範來說明暴力行為，而NRC報告則針對人際暴力提出技術描述。

管理公有物

NRC的另一項調查也顯示出技術描述的特色。一九六八年，聖塔芭芭拉生物學家蓋瑞特．哈丁(Garrett Hardin)於《科學》雜誌發表一篇廣受閱讀的文章；《科學》雜誌是美國科學促進會(American Association for the Advancement of Science)的官方出版物。這篇文章標題是〈公有地的悲劇〉(The Tragedy of the Commons)，重新探討了湯瑪斯．馬爾薩斯(Thomas Malthus)對有限資源及無限人口成長的哀嘆。哈丁以公有草地中放牧者的例子來說明這場悲劇：每位放牧人都能從增加牲口獲利，他們得到更多報酬的同時，卻只須承擔一小部分過度放牧的成本。

彙整各種效益，理性的放牧人會得出這樣的結論：自己唯一的理性選擇就是增加另一頭牲口，多一頭、再多一頭……不過共享公有地的每位放牧人得到的結論也都如此，悲劇因此而起。大家都陷入這個循環中，不得不無限制地增加牲口數量——但世界上的資源是有限的。在信奉公有地自由的社會中，每個人都追求自己的最大利益，於是整體皆走向毀滅的終點。公有地的自由帶來整體毀滅。[11]

有別於一般人對生物科技與核子能源前景抱持的樂觀態度，哈丁認為科技無法解決公有地的悲劇，至少光靠自然科學是無法解決問題的。他對於人類的利他心態或謹慎自制毫無信心。哈丁指出，人類不會因為食物供給減緩而自動限制繁衍速率，也不會因為汙染造成的傷害日益升高而停止汙染。在個人層次上，知識或良心都無法發揮作用。哈丁提出兩個可能的解決方法：公有地的私有化，以及「由受影響的多數人彼此同意互相強制」[12]。

哈丁指出，光靠必要資源私有化無法解決問題。假如將資源私有化，分配給現有使用者，這會排除掉原本缺乏公有地使用權的人。此外，有些共有資源難以私有化，例如水和空氣。因此哈丁總結指出，私有財產制若未搭配強制力只會帶來新的公有地悲劇。因此選擇很簡單：互相強制或走向災難。

哈丁提出的問題開啟一門全新學科：公有地管理（commons management）。於是自然與社會科學家少見地展開合作，熱衷於公有地管理的學者們開始研究過度捕撈、森林砍伐、供水、人口成長及大氣汙染等議題[13]。這門學科的實踐者們先從評論哈丁的各項論點開始，接著漸轉向另兩個主題：⑴研究人類對哪些共有資源的約定措施實際上並未加速走向毀滅，以及⑵哪些條件可能造成集體約定的成功或失敗，為此建立新理論。研究人員發現眾多對於共有資源使用設下集體限制的例子，並開始模擬這類例子如何運作。

可想而知，NRC成立了「共有資源管理」專家小組，召集這門新學科的菁英專家。這個小組隸屬於一九八九年成立的全球變遷人類面向委員會（Committee on the Human

Dimensions of Global Change)，二〇〇〇年時，委員會決定審視過去十年來公有物主題的研究成果。和NRC的人際暴力研究一樣，小組委託進行數項背景研究、舉辦研討會、並出版了名為《公有地的悲與喜》(*The Drama of the Commons*) 論文集[14]。NRC的這項研究並非受託於政府機關，他們直接向美國國家科學基金會及洛克斐勒兄弟基金會 (Rockefeller Brothers Fund) 申請了必需經費。

參與計畫的科學家撰寫了一份技術描述，或者準確地說是一系列技術描述。論文集編者堅持納入複雜的因果過程，包括「間接與媒介效應」(indirect and mediated effects)[15]，隱含地將其成果與慣例、規範、敘事做出區分。其中個別報告分別關注灌溉系統、相關心理學實驗、可交易許可、高層機構對於資源管理地方體系的影響、管理措施的演進，以及這個發展中學科的一系列理論性問題。報告提出可貴的研究結果，例如，學者發現，假如缺乏可靠的儲蓄設備（例如水壩）用以估計未來的供給量，灌溉用水的定價系統通常會失靈[16]。

不過並非所有參與人員都同意以上論點，資源經濟學家詹姆斯．威爾森 (James Wilson) 抱怨道：「共有資源體制的文獻幾乎總是立論於傳統牛頓世界觀的生物學知識。」威爾森指出，至少在漁業領域就不符合上述假設，其因果關係極為複雜，我們無法確定造成海洋族群變化的決定因素，而這些不確定性會大幅影響任何管理介入措施的成效[17]。

面對不確定性，以及在詳細因果機制、相互作用和事件順序上的分歧，共有資源的學者採取兩個有趣的因應之道。首先，關於過程中的人為因素，他們大多遷就於簡化的理性主義解釋，強調動機、成本及效益。如同早前關於人際暴力的NRC報告，社會過程在論述中扮演的角色並非直接原因，而是個人決策的催化或調節劑。其次，研究者不強調詳細的因果順序，而是將重點放在達到特定結果的有利或不利條件。因此，專家小組對於現行科學共識所提供的摘要如下：

> 滿足以下條件有助於進行有效的共有資源管理：(i)資源以及人類的資源使用可受監控，其相關資訊能以相對低的成本被驗證與理解（比方說：相較於魚類，林木更易監控，湖泊也比河流容易監控）；(ii)資源、資源使用人數、科技、經濟及社會條件的變化速率適中；(iii)社群頻繁進行面對面溝通並維持密集的社

群網絡（有時稱為社會資本），這能促進信任，也能讓人們表達和看到不信任的情緒反應，並降低監控行為、勸導遵守規定所造成的成本；(iv)以相對較低的成本排除外來者使用資源（新成員會增加採收壓力，通常也對規定較不熟悉）；(v)使用者支持有效的監控與執法。[18]

從此處，我們能瞭解有哪些有利條件，而非詳細原因。共有資源學者採取居中的科學立場，指出在多種廣泛情況中皆成立的實證關聯。這有兩個目的，首先是釐清學者確實必須解釋的項目，同時針對哪些原因可以解釋這個現象設下合理的界限。比方說，假如這些條件能廣泛成立，那麼人類智商、性格或區域文化就不太可能是資源管理系統成敗的關鍵因素，而比較可能涉及組織過程之間的相互作用（例如漁業的連結與程序），以及自然資源的動態演變（例如某種魚類減少對於海洋食物鏈的影響）。充分的技術描述必須精確說明這些相互作用關係。

規範與競爭

再次強調，技術描述與規範相互影響。共有資源的研究也會浮現類似於犯罪研究中的測量統計問題，比方說，在汙染管控的成本效益分析中，哪些人算是汙染者？誰又是受益人？不過在公有地的現行討論中，另一種規範更為突出：財產權規範。在共有資源體制中，「誰擁有什麼」是相當嚴肅的議題，因為使用權和使用權的排除對於體制可行與否有深遠影響，同時也會引發公共及私有財產的相關法律規範。

政府當局發行某種資源的可交易使用權或汙染權時，經濟學家常主張這些權利應該是穩固的私有財產，這樣使用者才有動機進行投資。另一方面，環保人士「同樣堅持主張空氣、水、魚類屬於大眾，而就倫理面來看，不應該成為私有財產。由此觀之，不論什麼目的都無法使公共權利的私有化合乎正當性」[19]。經濟學家與環保人士的爭論涉及因果推論，不過焦點已轉移至法律規範的類別、程序及解讀性規定。解釋性的原則已被公正與合宜原則取代。

NRC共有資源小組在其特殊領域中彙整出高度共識，不過這並不是當代科學該領域的唯一一份技術描述。事實上，另一群NAS科學家同時也從生物多樣性的角度來探詢相關問題，也就是：「有機體在所有層次上的遺傳變異，從單一區域性群集或物種的基因，到組成區域性群集的全部或部分物種，最終組成這世界上各式各樣生態系統中的群集。」[20]。

主要來自演化學及生態生物學領域的幾位生物多樣性專家，處理這個主題的方式與共有資源研究者相當不同。他們認為，記錄和維護生物多樣性本身就有其積極意義，並提倡永續發展：管理可再生資源，使世界的生物多樣性不因人類活動而下降，也許甚至還能回升。派翠克．凱根斯(Patrick Kangas)是馬里蘭大學(University of Maryland, College Park)自然資源管理計畫的統籌人，他指出永續發展面臨以下障礙：

- 可再生資源的過度捕撈與採收。
- 秉持永續發展理念的產品缺乏市場。
- 短視的政治經濟體不重視永續性或自然對經濟的貢獻。

- 土地所有權問題及土地分配不均。
- 政府補助的土地使用計畫造成反效果。
- 已開發國家干預開發程度較低國家的土地使用及保育決策，引發政治反彈。
- 暴力衝突，尤其是因自然資源而起的衝突。[21]

清單所列主要是社會過程，不過多數與共有資源分析學者所列的項目有很大差異。共有資源學者著重於人類穩定合作的有利或不利條件，生物多樣性學者強調的是人類對於全球生物過程的干擾（不論有意或無意）。

《科學》雜誌後來舉辦的土壤科學主題研討會展現了生物多樣性觀點的獨特性[22]。研討會報告的作者來自眾多領域：土壤退化、南北極永凍層融化、真菌對植物環境活力的影響、土壤的碳封存、人類的土壤整治方法、地面上下生命的生態連結、地下生態系統等。報告以一張世界地圖揭開序幕，上頭顯示侵蝕、汙染、沙漠化及其他人類濫用土地的問題，接著引出題為〈遍體鱗傷的地球〉的文章。雖然研討會一再對人類的忽視與破壞提出警告，不過其主要論點仍是根植於生物學研究的技術描述。

規範一再成為科學家報告中的首要議題，不過這場研討會的重點規範與人類行為無關，而是關於地下過程的測量統計：

要呈現土壤微環境的多樣性，有賴模擬水源分配、不飽和溶質流動與多孔性介質擴散的技術。部分技術相對先進，不過多相流動的模擬仍問題重重。我們需要一套研究土壤的整合策略，強調物理及生物過程的相互作用，如此才能將這門學科提升到堪比地表生態學的程度。[23]

共有資源和生物生態學兩組優秀的科學家針對同一現象展開研究，他們對於所須解釋的項目提出不同定義、不同解釋，評估人類介入之影響的規範也不同。由於兩方偏好的技術描述不同，因此研究方向也有所差異。

人類演化的技術描述

我們已經看到，技術描述有時能為當下迫切的問題及解決辦法提出理由。不過技術描述也常滿足我們對令人疑惑的情況、源頭與終點的普遍好奇心，為火山、銀河、人口成長及技術創新種種，提供為什麼如此的解答。關於人類的起源與發展，隨著演化論解釋愈來愈豐富、可信度提升，有一派由來已久的技術描述再次受到歡迎，那就是為非專業人士以演化論來解釋人類史前史及歷史的書籍。法國人將這種書美稱為「高度通俗化」(haute vulgarisation)，"vulgaire" 指的並不是「粗俗」，而是對一般大眾來說的「平易近人」，而 "haute" 則將一般大眾限縮為具有一定教育程度的讀者。

即便讀者熟悉演化觀點，以演化論來解釋人類史前史與歷史還是需要高明的眼界。這個文類的優秀作者必須設法消除可能潛伏於讀者心中的偏見想法：整體人口中個人財富或權力的差異源自遺傳特質；也要平衡報導專家學者對於此問題的分歧意見：天擇只發生於基因層次，還是也可能發生於個人及人口層次；此外還要區別現行科學共識與推測，同時又要在因果描述的複雜性與不確定性間取得平衡（不應過於複雜，但也不能一概省略不確定性）。

我們來比較三位優秀作者的策略：生物學家查爾斯．巴斯特納克（Charles Pasternak）、路易吉．路卡．卡瓦利–斯福扎（Luigi Luca Cavalli-Sforza）和賈德．戴蒙（Jared Diamond）都以平易近人的論調將演化論融入其人類研究的著作中。三位作者都在其硬科學領域中備受推崇：巴斯特納克是一名生物化學家，以細胞膜研究聞名；卡瓦利–斯福扎是一名從研究細菌轉向研究族群的遺傳學家；而戴蒙則學習鳥類演化。三位作者都設法簡化遺傳學的因果描述，讓讀者不必是遺傳學家也能理解其論點。不過他們所要說明的主題不同，因此論述的鋪展方式也有極大差異。巴斯特納克著重於人類與其他動物有何不同，不過諷刺的是，要回答這個探問，作者必然得先說明人類與其他生物有何共同特徵。卡瓦利–斯福扎欲說明當代世界中遺傳相似性與差異性的地理分布。戴蒙詢問的問題是，什麼原因造成世界各區域間財富與權力的顯著差異，最終他的回答並不認為人類生物學演化是關鍵因素。

為了呈現三人技術描述的特色，我想先簡述巴斯特納克和卡瓦利–斯福扎的著作，接著再以較長篇幅說明戴蒙的解釋策略。巴斯特納克的《探尋》（*Quest*，暫譯）有兩個目標：找出所有生物演化的一致特性，並將人類經驗與此特性做連結。巴斯特納克主張，所有生物，不論是單細胞原生生物或人類，都有「探尋」這種行為。探尋可能被動，例如趨光及尋找食物的自發運動；也可能極為積極，像是執意探索未知的行動。巴斯特納克在其論著開頭指出：「過去五億年來，動物的發展程度愈高，牠們搜尋的能力也隨之進化，人類是其中巔峰的展現。我們不僅搜尋食物和水源，搜尋伴侶與遮蔽，我們的搜尋有時全無理由——驅動人類的不是需求，而是好奇心，因此我們搜尋尼羅河的源頭，試圖發掘群星的起源」[24]。身為一本複雜的著作，巴斯特納克以技術描述來補充說明：成功的探尋推動天擇。從人類成為獨立的物種開始，我們就自其他動物中脫穎而出。我們繼承了特殊的身體特質：「直立姿勢、靈活雙手、語言能力、數量更多的皮質神經元」[25]，以上特點賦予人類卓越的搜尋能力。

巴斯特納克認為，人類之所以較其他動物高等，就是因為人類具備的卓越搜尋能力。透過大規模遷徙、持續的發明、和對環境變遷的高度適應，人類很早就開始展現了這種搜尋能力。追尋這些主題時，巴斯特納克將其分析分為三大部分：探尋的遺傳學基礎、人類的探尋與其結果、目前探尋基因改造食物的爭議。巴斯特納克簡化各部分的因果推論，以容易明瞭的插圖來說明因果機制，此外也淡化漸增、間接、相互、環境、同步、回饋效應的重要性。比起把生物化學家同仁當作目標讀者的技術描述，巴斯特納克以較為趨近敘事的方式撰寫《探尋》。不過話說回來，如果讀者痛恨或恐懼生物化學機制，我不建議你逼迫自己理解巴斯特納克的論述。

卡瓦利-斯福扎的《基因、族群和語言》（*Genes, Peoples, and Languages*，暫譯）也一樣。雖然卡瓦利-斯福扎擅長宏觀思考，不過他的這本著作著重中期的演化發展：突變如何在數代（而非千年）之間累積並對特定民族產生影響。卡瓦利-斯福扎首開先河，回溯DNA、語言及文化類型近來的分布，藉此重塑人類的遷徙與人口交流過程。其著作廣泛論及多個演化主題：遺傳變異的基本介紹、回顧追溯演化的方法、在重塑人類起源及人口移動中的應用、族群及/或農業技術的擴散、各語言間的歷史關聯與差異、文化傳播與演進。

卡瓦利-斯福扎漸進地說明，人口遺傳學觀點所能闡釋的現象遠不只有遺傳變化與分布。不過卡瓦利-斯福扎的論述相當謹慎，他主張：特定地區的族群具有獨特的基因庫；基因庫仍在持續演化；實體環境對演化方向會產生長久持續的影響；遺傳會影響人口對環境效應（例如疾病）的敏感性；以傳統字義來說，「種族」並不存在。

卡瓦利-斯福扎指出，人類的表面特徵，例如膚色和髮型的確會為適應氣候而出現演化差異。比方說，長期下來，赤道地區族群一般具有較深的膚色，而兩極附近的膚色較淺。由於人們只能看到表面特徵的差異，因此他們很容易將不同地區的人口區分為不同族群，卻忽略了表面特徵其實有明顯的漸進變化，而且所有族群都能互相繁衍；人們甚至想像，膚色及髮型與認知能力等其他非表面可見的特徵也有著密切關聯。

確實，血型（A、B、AB或O型）等部分非表面可見的特徵在世界各主要族群間的盛行率有極大差異，比方說，據估計有98％的美國原住民為O型，而東亞人口只有61％[26]。不過，卡瓦利-斯福扎和其遺傳學學生的研究確立了三項關於種族的重要事實：(1)表面遺傳特徵與其他非表面可見特徵鮮有關聯；(2)不同族群間不存在非此即彼的遺傳界線；(3)整體來說，所有族群的基因組成有極高相似性。與人類的近親黑猩猩相比，人類各族群之間的相似性高出甚多。

多面戴蒙

人類與黑猩猩的類比常出現於演化主題的科普作品中，賈德．戴蒙榮獲普立茲獎的著作《槍炮、病菌與鋼鐵》(*Guns, Germs, and Steel*) 是其另一本暢銷書《第三種猩猩》(*The Third Chimpanzee*) 的續作[27]，如書名所示，《第三種猩猩》的立論基礎在於人類與其兩種近親（黑猩猩和倭黑猩猩，又稱侏儒黑猩猩）的遺傳相似性。遺傳物質高度重疊，歷史經驗卻大相逕庭，顯示微小差異也會造成巨大差距。戴蒙特別強調人類的語言、合作及破壞能力是區別人類與其他兩種黑猩猩的遺傳特徵。

《槍炮、病菌與鋼鐵》的書名同樣昭示了該書所要探討的問題：武器、疾病及金屬鍛造技術為何不是最先出現在澳洲、太平洋地區或美洲，而是歐亞大陸，使其征服了天下？戴蒙巧妙地建構該書的演化觀點，駁斥任何種類的種族主義——聲稱不同洲別的民族經遺傳演化，處理複雜事務的能力有所差異的論點。戴蒙擁有三十年的新幾內亞田野工作經驗，他甚至提出這樣的想法：由於新幾內亞人必須應付更艱辛、更難以預測的環境，當地人民平均來說其實比西方人更為聰明[28]。

不過整體來說，這並不是該書的核心論點，戴蒙以另一個角度來闡述。大約五百萬年前，原始人類已成為獨立物種，生存於非洲；距今兩百萬年前，他們開始往非洲之外的地方遷徙，沿著歐亞沿岸東遷，至西元前一百萬年，他們已經到達東南亞。北遷的進度稍緩，不過至西元前五十萬年，他們也已開始在歐洲定居，並於大約一萬兩千年前抵達南美洲。那時人類和現在一樣是單一物種，定居於各大洲（南極洲除外）與大陸之間的島嶼。至西元前一萬一千年，人類各個主要定居區尚未出現遺傳或社會成就方面的顯著差異。

戴蒙巧妙地點出，當時若有觀察家，他們很可能會預測即將發生的大躍進將出現於非洲、美洲或澳洲／新幾內亞。之後的幾千年，世界各地確實出現巨大差異，不過在科技與政治實力方面，是由歐亞大陸領先超前。戴蒙主張，將類似的人們放到極為不同的環境中，大自然展現的實驗發人深省。大自然賦予世界各地區各種不同的食物生產方式，各地人們的能力相去不遠，他們都盡自己最大的努力來因應不同環境。環境才是在各民族間造成差異的原因。

世界各地皆然，愈早馴化動物、發展多樣化的食物供給，就愈具優勢，也就愈能推動科技與社會組織的創新，這些都有利於亞洲、最後遍及整個歐亞大陸發展出優越武器和冶金技術。那病菌呢？戴蒙點出一個弔詭之處：歐亞大陸廣泛馴化動物，因此比起其他地方，當地居民有機會接觸到更多傳染病；歐亞大陸內部廣泛的人口流動帶動致病微生物的傳播，也幫助當地居民培養出抵抗力。結果，歐亞大陸人民擁有相對較高的免疫力，不過往後他們與其他民族交流時，這些殺手微生物就會在未曾接觸過這些病菌的人口中引發致命流行病。

戴蒙並未把以上論點包裝成所向無敵的勝利故事，他的論述方式並不是先提出前提假設，然後再一一闡述其歷史結果。相反地，他先鋪陳一連串謎團，說明各大地理區的差異，然後才為這些差異提供解釋，為技術描述增添戲劇效果。和暴力犯罪的研究者一樣，他們先找出犯罪率的差異，然後再試圖解釋這些差別，戴蒙也是從結果來推導原因。戴蒙將原因區分近因與遠因，他指出歐亞霸權的近因來自武器、疾病和金屬鍛造技術，也就是書名提到的「槍炮、病菌與鋼鐵」，而遠因則是歐亞大陸與其他地區的環境差異。

全書整體的論點大致如下：撇除細微末節後，各大洲之間的差距來自四大原因。首先，當人類抵達世界各個角落後，也就是戴蒙筆下西元前一萬一千年這個時間點，各大洲可用以馴化的野生動植物有極大差異，因此而發展出來的系統性食物生產方式也相當不同。比方說，澳洲、新幾內亞和美洲的大型哺乳類動物在更新世大滅絕時絕種。大洲內部人口的擴散與遷移會影響馴化新技術的傳播，這帶出第二個因素：地形是否有利人口擴散，少有大型地理屏障、東西幅員遼闊的地方更利於人口擴散，後者可降低氣候、日照等與緯度相關的環境差異。第三，大洲之間的人口擴散難易也有區別，比方說，澳洲、新幾內亞和美洲相對孤立，而非洲鄰近歐亞大陸，也因此非洲經馴化的牲畜和家禽多數來自歐亞大陸。最後，幅員和人口規模也很重要，這項因素會影響競爭激烈程度和創新速度，孤立的島嶼在第三及第四點大幅落後。

那麼為什麼不是撒哈拉以南的非洲稱霸世界？畢竟當地居民比其他民族早五百萬年開始定居。戴蒙指出三大因素：

一、缺乏可馴化的原生動植物種

二、適合生產原生糧食作物的區域較小

三、疆域呈南北縱向延伸，氣候棲地的差異阻礙食物生產技術及發明的傳播

戴蒙以此為基礎，運用考古學、語言學與遺傳圖譜來建構西元前一萬一千年至近代關於非洲歷史的技術描述。舉例來說，他追溯西非內陸草原說班圖語(Bautu)的農民其實來自非洲南部眾多地區，族群的遷移始於西元前三千年。貫穿全書，戴蒙在區域性差異的宏觀解釋中穿插歷史。不過以我身為歐洲學者的角度來說，他的敘事正好止於我最感興趣之處：歐亞大陸居民到底如何將其技術優勢實際轉化為世界霸權？但總而言之，對於那些斷言廣泛的種族或文化差異是世界權力不均原因的人來說，戴蒙的論述使他們難以辯駁。

針對非洲，戴蒙作結指出：

簡言之，歐洲殖民非洲的原因不如白人種族主義者的設想，其實與歐洲人及非洲人本身毫無關係，而是來自地理及生物地理學意外產生的差異，尤其是各大洲不同的地形、幅員延伸方向及合適的野生動植物。也就是說，追根究柢，

非洲與歐洲不同的歷史軌跡源自地理方面的差異。[29]

該書的精妙之處在於串連複雜程度不一的論點：駁斥種族主義，支持地理決定論，這屬於相對簡單的論點；世界各地人類與環境的互動屬於複雜程度稍高的論點；關於特定發展軌跡的晦澀且常帶有臆測的論點，例如非洲班圖人口的遷移。這本書具備技術描述的雙重性質：嚴謹地探求可靠的因果關係，並引用大量專業知識。我們之所以相信戴蒙的論述，不是因為他提出的理由有慣例般廣為人熟知，不是因為其符合標準規範，也並非因為它們是經過巧妙簡化的敘事；而是因為，我們信任他的論述方式：援引專業的事證，藉此排除掉某些可能原因，並為另一些原因的真實性背書。

技術描述再探

比較巴斯特納克、卡瓦利-斯福扎與戴蒙為我們所提供的演化技術描述，我們看出重要的相似與不同處。這三本書（以及許多其他類似書籍）的說理方式都不同於專家從專業人士的角度出發對同一現象所做的描述，而是比較接近敘事。不過從一般讀者的角度來說，這又和你我表達近況的日常敘事方式相當不一樣。我們也許可以將這些最優秀的演化論描述稱為**優越敘事**(**superior stories**)，因為這些描述簡化因果過程，採用敘事格式，不過整體上，其敘事是建立於完整、站得住腳的技術描述中的因果關係。我們知道，敘事與技術描述的關係猶如一道光譜，兩端都有因果描述，不過技術描述那端採用的是專業化的因果分析機制。

巴斯特納克、卡瓦利-斯福扎和戴蒙的著作所要解釋的問題不同。巴斯特納克著重於人類與其他生物的相似及相異之處；卡瓦利-斯福扎講述人類特徵的地理分布；戴蒙說明各大洲之間人類技術與活動的歷史差異。這沒什麼問題，作者本來就可以自行訂定題目，就像我選擇以我獨特的方式來鋪陳本書的提問。不過由於問題不同，這三位作者以截然不同的方式來論述廣義演化論這門知識。巴斯特納克主張所謂「探尋」這種單一一致的原則能解釋單細胞生物到複雜生命的各種差異。卡瓦利-斯福扎以大量篇幅說明，人口遺傳學這項技術工具能解釋人類特徵與活動的地理分布，結果令人意外卻又言之成理。

而戴蒙的目標是論證人類與不同實體環境的互動，能解釋各種社會安排的差異與變化。戴蒙為其著作作結時表示，他冀望同樣的論點也能回答其他類似問題，例如中國為何有時領先世界，有時又在科技能力方面落後[30]。可以確定的是，來自人類學、經濟學、政治科學等學科各異的技術描述，都開始爭取我們的關注。技術描述能為各個學科提供有效的論述，但這不代表這些技術描述就是不容質疑的事實。技術描述是否為真，端視所選領域的學科事實，和作者要處理的議題，以及兩者之間的適切與否。

受到巴斯特納克、卡瓦利-斯福扎和戴蒙的啟發，我們應謹記優越敘事的原則：簡化論述的範圍、減少行為與行為者的數量、盡量避免提及漸增、間接、相互、同步、環境、回饋效應。將描述的範圍（尤其是因果機制的描述）限縮於專業學科內明確、站得住腳的元素。最後，要瞭解你的閱聽人：閱聽人的背景知識與動機不同，述說優越敘事的方式也必須隨之改變。講述優越敘事必然要考慮到關係。

第六章

調和理由

不論政府委員會還有什麼其他職務，其中之一絕對包含說明理由。在英美政治傳統中，國家元首經常透過行政命令成立皇家或非皇家委員會，因應全國性危機。就像NRC藉由報告宣傳權威人士的共識，以平息爭議；委員會由傑出公民組成，名高望重，不易被質疑偏袒特定黨派或自利，委員會也會傳喚證人、發布報告，並最終提供自己對於特定事務深思熟慮後的共同判斷，也就是他們的理由。

一九六三年十一月二十二日，李．哈維．奧斯華(Lee Harvey Oswald)於德州達拉斯射殺總統約翰．F．甘迺迪(John F. Kennedy)。這場謀殺案震驚全國，引發上千則關於事發經過及原因的敘事。副總統林登．詹森接替甘迺迪擔任總統，指派美國最高法院首席大法官厄爾．華倫(Earl Warren)擔任主席，組成委員會，針對槍殺案發布調查報告。《紐約時報》記者哈里森．索利斯柏里(Harrison Salisbury)以委員會報告為題進行報導，他在文章中形容，甘迺迪總統之死引發的陰謀論風暴和至今仍圍繞著林肯總統刺殺案的那些理論有幾分相像，這也難怪，畢竟受害者位高權重：

> 也許，由於這場悲劇發生在我們身邊；也許，因為事發經過由電視轉播，

在眾目睽睽之下上演，因此我們尚未全然理解這場戲劇之高潮。我們尚未意會到，扳倒國王、皇帝、獨裁者或總統的一擊，其震撼力在人類舞臺上無可比擬。當那一擊奪走世界上最位高權重者的生命，沒有人意外，這必將在社會中驚起一波寒顫。在《馬爾菲公爵夫人》(*The Duchess of Malfi*) 一劇中，約翰・韋伯斯特 (John Webster) 驚嘆道：「其他罪行只是說話，謀殺發出尖叫！」[1]（我太學時曾演出《馬爾菲公爵夫人》劇中少數幾個活到最後的角色，因此對於索利斯柏里這段引言感受甚深。）

華倫主持的委員會得出結論，堅定主張兇手奧斯華獨自採取行動，沒有同謀。雖然相左的論點仍然甚囂塵上，但委員會的調查結果至今四十餘年屹立不搖，權威性的理由說明往往能夠發揮效果。

本書尾章要針對權威性理由，討論前幾章提出但尚未有結論的三個問題：可信的理由有什麼要素？專業領域從業者說明理由時，如何讓專業領域之外的大眾瞭解其內容？社會科學家傳達理由時面臨什麼樣的獨特考驗，又要如何與自己卸下專業角色後為自身行動提出的理由進行調和？我們之後會看到，政府委員會只是眾多宣傳理由的方式之一。我們也會瞭解到，理由的可信度繫於講者與聽眾之間的關係，這某程度是因為，理由的說明永遠涉及關係。

華倫主持的委員會針對甘迺迪總統刺殺一案發布結果的四年後，詹森總統成立另一個委員會，指示新委員會針對以下問題做出回應：貧民區治安動亂、暴力犯罪率上升、一九六〇年代喧囂的抗議示威、一九六八年馬丁・路德・金恩(Martin Luther King)及羅伯・F・甘迺迪(Robert F. Kennedy)的刺殺案，以及大眾對於美國暴力愈來愈普遍的憂慮。詹森總統於一九六八年六月發布行政命令，要求暴力成因與預防國家委員會(National Commission on the Causes and Prevention of Violence)針對以下問題發布報告：

1. 社會中非法暴力行為的成因與預防，包括暗殺、謀殺與傷害。
2. 團體及個人蔑視法律及秩序、蔑視公職人員、暴力干擾公共秩序的成因與預防。
3. 其餘總統交辦的類似事項。[2]

詹森總統指派前總統杜懷特・艾森豪(Dwight Eisenhower)之弟、前任賓州州立大學、堪薩斯州立大學、約翰霍普金斯大學校長米爾頓・艾森豪(Milton Eisenhower)擔任委員會主席。艾森豪委員會所面對的任務比華倫委員會更加艱鉅。該委員會召集超過兩百位來自法律、犯罪學、歷史及社會科學等領域的學者。我也受邀參與，提出　篇比較美國及歐洲集體暴力模式的論文[3]，貢獻棉薄之力。

讓我們這些參與學者備感勝利的是，委員會結論沒有採取嚴厲的法律秩序立場，而是建議向少數族群、年輕人開放更多機會，給予年輕人發表政治意見的管道，並利用越戰結束的經濟利益提高美國福利——不過一九六九年的當時，和談才剛開始，停戰還是遙遠的夢想[4]。他們推論不平等與缺乏機會是造成個人與集體暴力的原因。

後來其他委員會相繼成立。二〇〇三年三月三十一日，美國恐怖攻擊國家委員會(National Commission on Terrorist Attacks Upon the United States)於紐約曼哈頓亞歷山大漢密爾頓海關大廈(Alexander Hamilton U.S. Customs House)舉辦第一次公聽會，這裡離已遭夷平的世界貿易中心遺址不遠。委員會成員包括紐約州長喬治・派塔基(George Pataki)、紐約市長麥克・彭博(Michael Bloomberg)、紐約市警察局長雷蒙・凱利

(Raymond Kelly)和多位紐約市等地的九一一攻擊倖存者、受害者代表及恐怖主義學術專家，他們在公聽會上作證發表聲明。第一場公聽會中的證詞從多個不同角度來理解九月十一日那次殘暴的暴力事件。為九一一事件提供理由時，有些證人提供慣例、有人提出規範，也有人從敘事、技術描述等面向來解釋，有時甚至同時涉及多種理由。

在委員會精心安排的公聽會舞臺上，我們見證著極具普遍性的過程輪番上演：我們不僅看到與會者提供並接收理由，也看到他們在此過程中協商彼此的關係。由於議題涉及恐怖主義與政府責任，大眾相當重視不同理由競逐的結果，因此我們也得以看到人們如何嚴肅看待當局提供何種類型的理由。進一步檢視恐怖攻擊與預防措施的辯論時，我們會發現，為生死議題提供理由時其實也脫不了建立、確認、協商與修復社會關係的日常活動。

本書開頭描述人們為九一一慘絕人寰的攻擊事件尋求理由。第一輪的理由提供者鮮少提供技術描述。當時，多數直接受波及者提供敘事形式的理由，而身處一段距離之外者可能選擇敘事、慣例或規範。簡單來說，這三種理由類似以下例子：

敘事：恐怖分子是肇事者，不過怠惰的官員讓他們有機可乘。

慣例：現代生活充滿危險。

規範：由於我們有防衛的自由，我們必須打擊恐怖主義。

專家花了較久時間才建構出技術描述。這些技術描述涵蓋多種不同問題，尤其是本應屹立不搖的建築怎麼會被飛機撞毀倒塌？美國情報出了什麼差錯？這些攻擊者發動攻擊的原因？還有更廣義的問題，恐怖分子為什麼要發動恐怖攻擊？

委員會主席前紐澤西州長湯瑪斯．基恩（Thomas Kean）運用了所有類型的理由，他援引慣例、要求充分的規範及技術描述，同時也提出自己的敘事。基恩援引的慣例包括堅持主張委員會不具政治立場（委員會由五位民主黨員及五位共和黨員組成，事實上仍具有兩黨色彩），並表示當天的公聽會不會採取證人交叉詰問的調查形式，委員會後續流程才會採用這種模式。他要求機構建立規範，防止類似九一一的情事再次發生，這代表委員會必須檢視蓋達組織籌劃九一一事件期間，美國政府維安機關的表現。基恩表示委員會諮詢國家恐怖主義專家，試圖「瞭解事件發生的原因、方式，以及預防之道」[5]。

因此他也要求技術描述，即便他自己並未提出技術描述。

至於敘事，基恩指出：

多數死傷者為美國人。死者及倖存者來自各種背景、種族、宗教、信仰甚至國籍。不過他們有一個共通點，他們當時都盡己之力維護世界上有史以來最優秀、堅韌、有效、創意、多元、熱情的民主精神，而這就是恐怖分子試圖摧毀的事物。

他們想要消滅標誌美國生活方式的自由、活力與多元，同時這也是眾多世人的希望堡壘。6

當天發表言論的政府官員多半都響應了基恩，對於九一一事件提出的理由大多為敘事。

在公聽會上作證的證人也一樣。向死亡、破壞或失蹤提出「為什麼？」疑問的人，他們想聽到的往往是某人、某物、某種力量應為悲劇負起道德責任的敘事。的確，大眾要求敘事的壓力就是九一一委員會成立的主要原因。政府拖沓而不情願地開始探究當初能如何預防九一一事件，社會不免出現對可信敘事的呼聲。

一群因世界貿易中心攻擊事件而喪夫的紐澤西州女性要求政府官員展開調查，並從先前要求調查一九八八年蘇格蘭洛克比(Lockerbie, Scotland)泛美航空三號班機爆炸事件的人士那裡得到了建議。委員會之所以會針對政府在九一一恐怖攻擊之前的防範作為(或無作為)舉辦公聽會，這群婦女功不可沒。她們向《紐約時報》記者說明自己的背景：

其中三人的丈夫任職於金融服務公司建達(Cantor Fitzgerald)，不過在攻擊事件之前她們互不相識。三十三歲的布萊威瑟太太(Ms. Breitweiser)和四十三歲的卡薩札太太(Ms. Casazza)於二〇〇〇年總統大選時投給布希；四十九歲的范奧肯太太(Ms. Van Auken)和四十二歲的克萊柏格太太(Ms. Kleinberg)投給高爾。她們堅持自己從以前到現在沒有政治立場。

不過她們心中都存有焦灼的疑問。布萊威瑟太太表示：「我們只是想知道，我們的丈夫為什麼被殺害？為什麼他們去上班之後就再也回不了家。」[7]

顯然，她們不會接受「世界上就是有恐怖主義」這種答案。當明蒂．克萊柏格(Mindy Kleinberg)向九一一委員會成員作證發表聲明時，她表明自己的立場：

反常的股票交易未受監督，這是運氣問題嗎？十五份不完整的表格獲核發簽證，這是運氣問題嗎？機場安檢讓持有美工刀和辣椒噴霧的劫機者登機，這是運氣問題嗎？聯邦航空管理局和北美防空司令部緊急規章未受遵循，這是運氣問題嗎？國家緊急事件未即時向政府最高層報告，這是運氣問題嗎？

我認為只發生一次的事件才能歸咎運氣不好。如果規章、法律、溝通無效的問題一再上演，就不能歸咎於運氣。

如果我們不要求怠忽職守者負起責任，那我們怎能放心恐怖分子不會再次有機可乘？[8]

這些問題要求提供敘事，並針對這場災難課以政治及道德責任。九一一委員會於二〇〇四年發表報告後，克莉絲汀．布萊威瑟(Kristen Breitweiser)響應明蒂．克萊柏格的呼籲，她在同年九月的一場訪談中指出：「三千人死於九一一事件，而沒有人對此負起責任」[9]。至二〇〇四年十一月總統大選前，包括紐澤西州這群婦女在內的九一一倖存者組成名為「家庭指導委員會」(Family Steering Committee)的壓力團體，公開批評布希政府未採納委員會的建議[10]。他們的敘事開始出現政治色彩。

至九一一委員會傳喚證人時，倖存者的描述圍繞於故意駕駛滿載燃油的飛機撞向雙子星大樓的恐怖分子。和明蒂．克萊柏格同一天向九一一委員會發表證詞的哈利．威瑟(Harry Waizer)認同她提出的原因，言外之意表達了美國政府應對這類事件有所防備。威瑟畢業自布魯克林學院(Brooklyn College)與福坦莫法學院，曾任職於美國國稅局及兩間紐約律師事務所。攻擊發生當時，威瑟是建達公司的副總裁暨稅務律師，辦公室位於一塔一〇四樓。九一一當天上午八點四十五分，威瑟乘坐電梯來到七十八至一〇一樓之間某層樓：

電梯原本正在上升，突然之間因爆炸而晃動，接著開始急墜。透過門縫可以看見因電梯摩擦電梯井而產生的刺眼橘色火光。這時電梯突然起火。我試圖拍滅火焰，手、手臂和腿因此燒傷。火焰熄滅了，但我的臉和脖子被電梯門縫突然冒出的一團火球擊中。後來電梯停在七十八樓，門打開，我趕緊跳出去。[11]

受到嚴重燒燙傷的威瑟走下七十八層樓，來到地面。一位急救人員在五十幾樓處碰到威瑟，引導他走完剩餘路程，幫他叫了一輛救護車，送往紐約長老會醫院(New York Presbyterian Hospital)的燒燙傷中心。威瑟後來陷入昏迷，六、七週後才甦醒過來。十八個月後，身體尚未完全復原的威瑟表示：

對於九一一當天所發生的事，我並不感到憤怒，只是為那天眾多無辜、可敬的生命以及痛失至親者感到深沉的哀傷。世界上一直都有瘋子，也許未來也是如此。必須有人阻止他們，我們必須用外科醫師移除腫瘤那般冰冷超然的態度來面對。他們不值得我憤怒。我也不對那些或許可以預料並加以防範這場悲劇的人感到生氣。假如這其中有什麼失誤，我想錯誤就在於自滿，而我們都犯了這種錯。[12]

至此，九一一事件的原因愈來愈清晰：那天一群瘋子撞上了建築，但是我們的自滿才讓他們有機可乘。這則敘事相當簡單，但令人信服。

一如預期，專家的理由以通俗易懂的技術描述為主。瑞典裔的馬格努斯·蘭斯托普(Magnus Ranstorp)是蘇格蘭聖安德魯斯大學(St. Andrews University)的國際關係講師，他稍後也在同一場公聽會上發表證詞。他描述自己是「激進伊斯蘭教與恐怖主義議題的外國學者」[13]。截然不同於同一場會議上暴力攻擊受害者、救難人員和倖存者所提供的鮮明陳述，蘭斯托普冷靜地運用自己中東恐怖主義的專業知識，協助防範另一場九一一事件。

由於委員會成員並非專業人士，而是公眾人物，蘭斯托普經過適當的簡化，針對恐怖主義提出技術描述。和賈德·戴蒙對於全世界社會演化的技術描述一樣，蘭斯托普也將恐怖主義的原因區分為近因及中長期因素。他的近因主要是蓋達和其他恐怖分子網絡目前的組織與能力；中長期因素則來自促進恐怖分子活動的全球變遷。

> 從許多方面來說，九一一是恐怖主義勢力擴張至全球的終極展現，是瑪麗．卡爾多(Mary Kaldor)筆下所謂「狂野」全球化的一個例子。這種「新型恐怖主義」運用全球化機制，包括跨文化交流、交通的延伸與進步、人員的持續遷徙，轉化為一種多國的非國家組織，成為遍及全球的無限網絡與系統。恐怖組織首腦可在任何距離之外的遙遠角落，遙控指揮恐怖行動。這種新型恐怖主義的獨特之處在於，透過所謂的科技網劫持全球化，創造出無限種嶄新的潛在通訊與攻擊模式，唯一限制就只有他們對於目標執行與達成的想像力。[14]

接著，蘭斯托普列舉第三項更為基本的原因——恐怖主義的「根源」，其中包括族裔及民族主義、貧窮、青年失業等未解問題。而蘭斯托普提出的建議著重於監控、阻擋、瓦解恐怖網絡。他建議從恐怖主義的中、近期因素著手。

針對恐怖主義建構一般性技術描述的社會科學家分別關注蘭斯托普分析中的三個層

次：恐怖網絡組織與策略形成的近因；恐怖主義作為一種政治策略的中長期因素；造成不平與不滿等的根本原因[15]。我自己對於此議題公開討論的微薄貢獻著重於中長期因素，不過我極力反對將多數恐怖分子等同蓋達組織謀略者的看法，也不認為多數或全部的恐怖行動出自相同原因[16]。

史特恩的恐怖主義觀點

不過與其審視我對恐怖主義的觀點，我們可以透過檢視其他人的恐怖主義分析來進一步瞭解提供理由的過程。哈佛大學社會科學講師潔西卡．史特恩（Jessica Stern）以第一人稱撰寫一本「親身經歷」的生動著作，書名是《以神之名的恐怖主義》（*Terror in the Name of God*，暫譯）。她擅於將技術描述轉換為非專業人士也能輕易明瞭的文字。史特恩描述自己鑽研恐怖主義多年，擔任美國外交關係協會（Council on Foreign Relations）的超級恐怖主義（Superterrorism）研究學者；她主動接觸宗教恐怖分子，詳細詢問他們的人生經歷，試圖從他們的自我概念中尋求理由。在她第一輪的分析中，史特恩很快捨棄根本原因（個人參與及投入等因素），採納近因（恐怖組織的策略）。

如前任中情局局長約翰・德區 (John Deutch) 在書衣上的推薦語所述：「所有美國人現在都意識到恐怖分子的威脅。潔西卡・史特恩身為傑出專家，透過這本通順易讀的書籍，深入檢視世界各地真實恐怖分子的思維，讓我們進一步瞭解個人信仰與恐怖主義之間的關係。」技術描述要令人信服，先決條件是周到的問題，史特恩明確列出她所要詢問的兩個主要問題：一、什麼樣的不平促使人們加入並效忠於聖戰組織？二、恐怖組織的領導者如何有效經營組織？史特恩也講述了自己在探求這些答案時身歷險地的精采過程。

首先是關於不平。史特恩於一九九八年首次訪問恐怖分子凱瑞・諾布爾 (Kerry Noble)。諾布爾當時已入獄多年，罪名為預謀持有未註冊槍枝。一九八〇年代早期，諾布爾晉升為激進基督教派「聖約、劍和主的臂膀」（Covenant, the Sword, and the Arm of the Lord，簡稱CSA）的副手。CSA的宗旨是加快救世主耶穌重返人間的進度，其方法是推翻美國政府，因為美國政府已將自己出賣給猶太人、黑人、聯合國和國際貨幣基金會等反基督者。CSA成員將其敵人稱為「猶太復國主義者佔領的政府」（Zionist Occupied Government，簡稱ZOG）。

一九八五年四月十五日，聯邦及州政府機關圍攻該教派位於阿肯色州郊區滿載武器、佔地二百四十英畝的堡壘。三天後，經一名知名種族歧視牧師居中協調談判，該教派的武裝防衛軍棄械投降。凱瑞．諾布爾遭聯邦政府逮捕。十三年後，史特恩來到前罪犯凱瑞．諾布爾與其太太凱伊（Kay）位於德州拖車停車場的住處進行訪問。諾布爾此時已開始積極宣揚反宗教崇拜，但他的宗教熱忱並未消失。史特恩寫道：「雖然我當時已經研讀、任職於恐怖主義領域多年，但我先前所閱讀或聽聞的一切並未幫助我為接下來的訪談做好準備，其中信仰和暴力的成分不相上下」[17]。

史特恩訪問諾布爾之後的五年行經世界各地，尋找並訪問基督教、穆斯林與猶太教激進分子，他們不僅憎惡敵人，更不惜殺害對方。史特恩的受訪者皆為涉入恐怖行動的**恐怖分子**；史特恩對恐怖行動的定義如下：「向非戰鬥人員發出的暴力行動或威脅，目的在於復仇、恫嚇或以其他方式影響對方」[18]。此外，這些受訪者同時也是**宗教**恐怖分子，因為他們如史特恩的書名所述，「以神之名」威脅或實際施加暴力，發動聖戰。

那他們所感到的不平是什麼？史特恩認為猶太教、基督教及穆斯林聖戰士都曾受到羞辱，並將自己的苦難歸責於特定人士。他們希望藉由簡化、淨化全世界的英雄之舉來簡化、淨化自己的生命。前述的羞辱可能發生於個人層次，或來自整個族群的汙名，例如穆斯林或猶太人。由於社會持續排拒這些受羞辱的對象、持續墮落，「我們」與「他們」之間的分化愈趨尖銳。分化會導致憤怒，促使遭羞辱者不惜運用各種手段（包括致命的暴力行為）攻擊其敵人。

史特恩寫道，凱瑞·諾布爾兒時長年受支氣管炎所苦，導致身體孱弱，因此一年級時只能和女生一起上體育課，無法和男孩子一同運動，並受到其他男同學霸凌。諾布爾希望成為高中的畢業生代表，但由於家人經常搬家，因此他不符合畢業生代表資格。軍方因為諾布爾的童年疾病而拒絕他的入伍申請。高中畢業後，他從事一份「糟糕的工作」，某天晚上他出現幻覺，在夢中，上帝贈予他傳授與牧道的天賦。那次幻覺使他踏上追隨CSA的旅途，在此過程中，他接受該教派劃分世界的方式：少數人將在世界末日之後被封為聖人，其餘異教徒則將痛苦、快速地死去[19]。

史特恩描述個別恐怖分子時，她提供的理由相當接近典型的敘事形式：限定的時間與空間、有限數量的行為者及行為、悲劇結局，且所有後果都可歸因於行為者的意識。不過論及第二個問題——領導者如何有效經營恐怖組織——時，史特恩技術描述的重點不再是個人意識，而是人際互動過程。就史特恩看來，什麼樣的恐怖組織能夠存續、茁壯？史特恩點出部分組織領導者向原本就有意參與簡化、淨化世界任務的人提供精神、情緒與物質層面的綜合獎勵，滿足他們的需求。雖然個人魅力也有加分效果，不過穩定提供精神、情緒與物質利益的效益更高。

史特恩近距離觀察恐怖組織。二〇〇〇年，史特恩在哈勒凡．哈米斯．穆罕默德(Khalfan Khamis Mohamed)的審判中擔任辯護方的專家證人。穆罕默德是蓋達組織中的低階特工，涉入一九九八年八月坦尚尼亞三蘭港(Dar es Salaam, Tanzania)美國大使館的炸彈攻擊案。針對穆罕默德，史特恩提出主角是一名投入淨化事業的脆弱年輕人的標準敘事，不過很快又加上另一個要素——吸引穆罕默德加入的組織流程，並將討論重點轉向蓋達的組織結構：

> 審判中的證人詳細解釋了組織的結構。賓．拉登是所謂的「埃米爾」(emir)，也就是領導者。直接隸屬於領導者之下的單位是「舒拉理事會」(Shura Council)，由十幾名成員組成，職責是監督各個委員會。軍事委員會負責管理訓

練營與採購武器；伊斯蘭研究委員會負責做出裁決等其他宗教判決；媒體委員會刊印報紙；旅行委員會負責採購機票和偽造身分文件，同時也受財務委員會管轄；財務委員會管理賓·拉登的生意。蓋達與慈善組織有密切的業務往來。首先，蓋達利用慈善組織作為幌子並進行洗錢。其次，慈善組織收到的人道救援捐款往往流向蓋達的資金庫。最後也最重要的是，蓋達組織具有重要的社會福利功能；一方面收受「慈善基金」，另一方面又提供人道救助，猶如恐怖分子的「聯合勸募」(United Way) 機構。[20]

除了蓋達之外，史特恩也檢視眾多其他恐怖組織。她描述自己與馬克布爾·潘迪特 (Maqbool Pandit) 的對話，潘迪特是喀什米爾穆斯林團體真主穆斯林游擊隊 (Hizbul Mujahideen) 的高層人士，不過後來退出該組織。潘迪特回答關於團體運作的幾個問題後，反問史特恩認為什麼原因造就激進主義?史特恩猶疑地回覆道：

> 這場抗爭涉及房地產、國家認同、政治權利和利益，包括個人與組織層面

的利益。抗爭能持續進行，是因為在組織和個人兩個層面上都透過走私、武器販售、貸款、經營訓練營、經營「慈善事業」等活動賴以維生。組織洗腦那些容易被動搖的年輕人，讓他們藉由在聖戰中殺人或犧牲以提升自己的價值。聖戰領導人住在豪宅之中，而其特工則甘冒生命危險犯難。組織在事業與金錢上都有利可圖，我就問，他們怎麼會希望「聖戰」結束？[21]

史特恩繼續談到羞辱、相對剝奪感和恐懼促使一般激進分子加入恐怖組織，不過組織的整體運作主要有賴富有支持者的支援，有時包含外國政府。潘迪特沉默了一會兒，最後仍同意了史特恩的分析[22]，他同意在恐怖組織的存續與威力方面，政治過程的重要性遠高於基層宗教恐怖分子的個人不平。

閱聽對象與優越敘事

不過我敢打賭，引用史特恩著作的人較感興趣的是關於恐怖分子心態的段落，鮮少提到她對政治過程的看法。史特恩論點中的心理學段落十分接近我們多數人大部分時候用來解釋自身行為的敘事，與社會科學家針對組織過程所提出的技術描述相去甚遠。史特恩將其著作的目標讀者設定為具有一定教育水準的民眾與政策制定者，而不是政治科學家同仁，因此她暗自擬定的策略是：以優越敘事來吸引並教育目標讀者的效果會更好；就像關於凱瑞．諾布爾的那則敘事就成功地吸引著我們深入閱讀其分析。

正如前述那些懂得如何與非專業閱聽對象溝通的作者及講者，史特恩也在其技術描述中採用了這項有效原則：與其將非專業人士排除在閱聽對象之外，不如將所要傳達的訊息改編成他們能夠理解的形式。「優越」敘事通常就可以達到這個目的。

什麼是優越敘事？就和日常敘事一樣，優越敘事也會簡化因果關係；使時空場合保持一致；描述有限數量的行為者及行為，著重於他們的行為是如何引發其他行為；鮮少提及或完全省略錯誤、意料之外的後果以及間接、漸增、同步、回饋、環境效應。不過在有限的架構之下，**關於行為者、行為及因果關係的描述仍然正確無誤**。按照相關可靠的技術描述標準，敘事相較看來極為簡化，不過其內容仍全然正確。優越敘事能幫助非專業人士至少瞭解部分的事實。

身為課堂教師，我嚴格區分敘事與技術描述。大學生來到課堂希望學習社會過程，不過他們多數之後會成為醫師、律師、工程師、企業家、主管或政府官員（哥倫比亞大學前途無量的大學生多不勝數）。對他們來說，若要瞭解某一現象，比起詳細的技術描述，優越敘事的效果會更好、教育價值更高。他們應該瞭解如何辨識技術描述、如何檢視技術描述是否可靠，但不必鉅細靡遺地理解社會過程技術描述中的因果推論。

假如我的教學成功，這些大學生將學會以批判的眼光閱讀報章雜誌對於社會過程的描述；當他們在人生中遇到這些社會過程時，能辨識其中耐人尋味的特點；面臨選擇時，能想到這些社會過程並選出更經深思熟慮的公共政策。為了達成這個目標，我會提供數量不多不少的相關技術描述與測量統計規範，促使他們思考知識的來源，吸引其中少數有意成為社會科學專業人士的學生深入一探究竟，其他就盡可能以生動的優越敘事來補充。

研究生也喜歡敘事。不過我向研究生提供的多半是技術描述和相關規範。假如教學成功，他們日後的研究將能修正現行技術描述和支撐這些描述的規範，也就是關於適當證據、程序和結果呈報方式的規範。也許我的研究生能針對理由說明的主題，提出比我更優秀的技術描述，或是提出搜集理由相關證據的聰明新方法。許多研究生會跟隨我的腳步，向未來的大學生講述優越敘事。要辦到這一點，他們必須精通相關技術描述與規範，因此，從外人的角度來看，我和研究生滿口行話術語。

我和學生的關係只是提供與接收理由這個廣泛現象中的一個小例子，不過我們的師生關係確實呈現本書的兩項基本論點：首先，適切的理由會依提供者與接收者之間的關係而有所差異；技術描述、敘事、慣例和規範皆是如此。其次，理由說明的過程能建立、確認、協商或修復當事人之間的關係，亞里斯多德對於修辭的分析也印證了這個現象。日常關係中的主要理由類型為慣例，我們該對此感到慶幸，畢竟常態性地運用規範、技術描述或敘事會使人生的複雜程度大幅提高，無助於增進生活品質。不過敘事是一項偉大的人類發明，敘事是平易近人、靈活而具說服力的解釋方法。當我們所要解釋的現象變得複雜時，敘事將成為關係中的主要理由類型。

所以說，理由和關係息息相關。我們來複習第一章對於理由和關係的推論，檢視這些論點是否成立：

在其管轄範圍內，專業人士提出理由時會優先選擇規範及技術描述，而非慣例或敘

事。律師、醫師、生物學家和社會科學家皆已示範過這個現象。

專業人士通常嫻熟於將慣例及敘事轉譯為他們偏好的用語，也擅於指導其他人合力進行轉譯。我們已經看過這類轉譯工作在醫療診斷與刑事訊問等場合中如何有效運作。**因此在任何社會情境下，知識的專業化程度愈高，規範及技術描述就愈有主導性**。法庭、實驗室及醫院充分顯現這個原則。我們圈外人常覺得專業人士所倚賴的規範與技術描述是令人費解的行話術語。

理由提供者與接收者之間的關係愈疏遠，以及／或者理由提供者的地位較高時，提供公式而非因果描述的機會就愈高。我們已看過醫生拋出診斷、法官拋出法律判決的情形，同樣的原則也適用於牧師、先知和王子。

提供公式者藉此主張了自己較高的地位，以及／或者雙方關係的疏遠。當我想要拍攝米蘭檔案庫文件，與當地會計師喬班交手的挫折經驗就充分顯現這個現象。我擔任出納官時，如有水手向我請款，此時我擁有判斷規定是否允許放款的裁量權，這也是一樣的道理。

接收者一般會挑戰這樣的主張，其方式是要求因果描述。我們看到九一一事件的倖存者提出這樣的要求，要求找出應該為其損失負責的對象。

這些要求的表現形式通常是針對對方所提出的公式表示懷疑，並要求詳細說明事件實際發生的方式與原因。舉例來說，明蒂·克萊柏格嚴正駁斥九一一的發生是因為「運氣不好」。

不過在權威方提出規範的情況下，有技巧的接收者仍然可以挑戰對方提出的理由，方式是運用同一套規範，證明對方誤用。醫療不當處置的爭端通常以這種模式進行，監獄律師 (jailhouse lawyers) ❶ 也依循同樣的原則。

即便在關係疏遠及／或不平等的情況下，接收者對提供者後續福祉的可見影響力愈高，提供者將公式改為因果描述的機會就愈高。再以九一一為例，倖存者運用政治壓力和大張旗鼓的宣傳迫使政府展開調查。在我的學術工作中，挑戰通常是這樣表現的：「別只告訴我你用的數據無誤，你要說明這個現象是怎麼回事。」

當然，這些例子不能證明原則成立，不過至少能清楚解釋理由說明中的關係面向。

❶ 譯註：指習得足夠法律知識的獄友。

專業理由的宣傳

話說回來，慣例與敘事的普及對專業人士來說是一個問題。如要從複雜的規範或技術描述中提煉理由，就必須從兩種方式中選一：教育閱聽對象相關思想體系；或是讓自己的闡述普及易懂，根據理由是涉及合宜性還是因果解釋，而將理由轉化為慣例或敘事。醫師、律師、神學家這些必須經常與一般大眾互動的專業人士，通常嫻熟於將規範和技術描述轉換為較平易近人的理由形式，我也已經說明過自己偏好優越敘事的原因。

當然，美國最高法院或榮獲諾貝爾獎的核子物理學家可以直接提供規範或技術描述，將轉換工作留給其他人。雖然偶遭質疑，不過多數西方人都承認法院和核子物理學家具備優越知識，至少在他們擅長的領域中是如此。此外，部分專業知識已擁有足夠的名望與重要性，因此學校也會教導學生相關規範及技術描述。雖然自然科學家和數學家經常哀嘆一般大眾的無知，但至少學校已盡力教導這兩門學科的基本概念。而語言學、人類學或經濟學，除非進入大學就讀，否則多數學生根本不會接觸到這些領域的專業理由類型。

社會科學家面臨另一個獨特問題。我多年來的個人經驗可以證明，社會科學與敘事、慣例及規範之間存在著複雜的交往關係。社會科學的宗旨是對非專業人士通常用慣例和敘事來處理的同一套社會過程加以解釋與描述。因此社會科學家面臨一連串問題：他們所解釋的行為及結果經常是人們很早就學會以慣例、敘事及規範的形式來說明的現象。

社會科學家提出的證據常常包括人們對其行為所提供的理由；不過社會科學的解釋經常與慣例、常見敘事及／或主流規範相悖。更糟的是，社會科學家所提出的解釋常涉及「人們為何提供如此理由」的因果描述[23]。身為研究者、作者、教師及公開討論的參與者，社會科學家發現自己經常冒犯他人、引發懷疑。再者，一般閱聽大眾鮮少接觸到社會科學的技術描述，實際接觸時，通常是透過以下三種標準途徑：社會科學家以明顯有效的方式介入公共生活（例如民意調查）、宣傳社會科學邏輯（例如透過報紙經濟專欄），或藉由有價值口號或論點滲入公開討論（例如大衛・里斯曼〔David Riesman〕發揚光大的「孤獨人群」〔Lonely Crowd〕概念）。不過整體來說，社會科學的技術描述通常侷限於學術界，一般大眾聞所未聞。

社會科學家怎麼不仿效其他領域，尋找與外行閱聽對象溝通的方式？畢竟工程師、醫師、神學家等專業人士也經常以技術描述來解釋現象，然後將這些描述重述為敘事，藉此與客戶及外行人士溝通。將技術描述轉換為敘事後，閱聽者更容易瞭解並接受其說法。

但如果部分說明重要因果關係的社會科學技術描述，由於涉及漸增、環境、相互、同步或間接效應，因此無法輕易轉換為敘事，那該怎麼辦？舉例來說，如要說明國際人流的遷徙，就不能不提到既有人際網絡對於遷徙者、遷徙目的地與工作所帶來的隱微而強大的影響力[24]。多數社會過程都同樣複雜，要解釋這些現象，就不能不搬出完整的技術描述。不過社會科學家時常難以使大眾採信其論述。

言之成理的優越敘事能奏效嗎？比起明顯有效的介入或宣傳社會科學邏輯，社會科學家在公開討論中插入解釋性敘事的成效會更高一些。舉例來說，部分社會科學家宣揚這樣的論點：假如整個群體的人們都承受著某種系統性劣勢，那麼這與社會歧視和特定人生經驗有關，而無關乎這個群體成員所共有的某種能力缺陷。在此，社會科學家以公共知識分子、而非教育者的身分進入公開論壇；而書籍、大眾媒體和公共論壇都提供了重要的溝通管道。

在這些說明理由的形式中，社會學家別無選擇，只能將自己的技術描述重塑為易於辨識的敘事。這類敘事絕不會涵括所有相關因果關係，不可能納入完整的漸增、環境、間接、相互、回饋效應及意料之外的後果，更不可能完整列舉專業人士心目中所有重要的初始條件及意外事件等細節。不過至少優越敘事能保證其中涵括的因果關係正確無誤，這點本身就是可貴的貢獻。

事實上，幾乎所有專業人士都各自面臨著同樣類似的問題：如何將透過專業化規範及技術描述所得到的結果、建議及解釋，以可信、完整的方式呈現出來。舉例來說，專業的歷史學者倚重冷門的規範：如何正確地使用檔案史料、進行挖掘、解讀考古材料、分析藝術作品等[25]。他們也建構深植於歷史資料來源、過往研究以及背景知識的技術描述。不過當他們為一般讀者撰寫教科書或出版物時，就不得不省略或簡化大量專業知識，優越敘事此時就能派上用場。

哲學家、神學家、宇宙學家、生物學家、醫生、律師和將軍也一樣。他們必須綜合採用以下四種替代方法：

1. 只和專業人士同行溝通。
2. 教育（部分）閱聽對象，向他們傳授專業規範及技術描述。
3. 將理由包裝成優越敘事。
4. 倚賴其他原本就通曉領域用語的人進行轉譯工作。

只和專業同行交流是最簡單的方法。不過缺點在於，他人可能誤解、誤傳或乾脆忽略你的成果發現。假如行有餘力，教育閱聽對象，傳授自己專業領域的內容會是一項美妙志業。至於倚賴科學寫作者、科普編寫者及知識淵博的業餘人士等「譯者」，只要他們確有本領，確實能替你省下大量心力。不過對許多專業人士來說，自行撰寫優越敘事的好處是能幫助自己思考自身日常工作對於人類整體有何貢獻，或至少對自己在研究、實驗室或會議廳外所實際接觸到的人們有何助益。

即便理由來自技術描述，呈現方式也不一定要是寫作或講課。醫師和律師經常要將技術描述轉譯為患者及客戶能夠瞭解並據以行事的敘事。在轉譯過程中，他們也在與患者及客戶建立、確認、協商或修復關係。還記得傑・卡茲醫師如何與剛接獲乳癌診斷的患者討論可能的治療選項嗎？相較於另一位醫生武斷地排除替代療法（也藉此主張具有優劣地位之分的醫病關係），卡茲仔細比較各種療法，向患者提供充足資訊與信心，協助對方做出選擇。他的目的並不是呼籲建立平等的醫病關係，畢竟卡茲醫師的專業醫學知識使他具備少有患者能夠全面掌握的想法與資訊，他的目標是建立一段相互尊重的關係。我們所提供的理由形塑了我們與接收者之間的關係。我們還可以從另一個方向來理解本書內容：別人向你提供的理由也反映出他們看待這段關係的態度。多數時候，慣例及敘事能確認你們既有的關係：你能立刻意識到「錯誤」的慣例或敘事，你不承認這樣的理由所主張的關係。如果有人以你不熟悉的用語提供規範或技術描述，你可以快速形成兩種解讀：對方誤解你們之間的關係，或是試圖透過冷門知識主張優越地位或要求尊敬。當然，如果是你要求對方簡要介紹相關規範與技術描述，那麼你已經確立雙方的不平等關係，至少在這段對話中是如此。敏感而具有同理心的對話者能將自己的回答引向慣例或敘事，藉此調整關係的平衡。理由的提供具有廣泛的社會功能，而形塑理由提供者與接收者之間的關係絕對含納其中。

事實上，這也是我選擇以優越敘事來撰寫本書的原因。既然你、我和所有其他人在我們每一天的生活中，都一直在提供與接收理由，那我們不妨好好來認識理由的運作方式。

參考資料

前　言

1. Burke, Kenneth. 1989. *On symbols and Society* (Chicago: University of Chicago Press): 127.
2. Mills, C. Wright. 1963. *Power, Politics, and People: The Collected Essays of C. Wright Mills* (New York: Ballantine).

第 I 章

1. 9/11. 2004. National Commission on Terrorist Attacks Upon the United States, The 9/11 Commission Report (New York: Norton): 5.
2. CBS News. 2002. *What We Saw* (New York: Simon and Schuster): 47.
3. Duenes, Steve, Matthew Ericson, William McNulty, Brett Taylor, Hugh K. Truslow, and Archie Tse. 2004. "Threats and Responses: On the Ground and in the Air." *New York Times*, June 18, A16–17.
4. 9/11. 2004. National Commission on Terrorist Attacks Upon the United States, The 9/11 Commission Report (New York: Norton): 6.
5. Brill, Steven. 2003. *After: How America Confronted the September 12 Era* (New York: Simon and Schuster): 1.

6. CBS News. 2002. *What We Saw* (New York: Simon and Schuster): 16.

7. CBS News. Ibid.,17.

8. CBS News. Ibid.,18.

9. CBS News. Ibid.,23.

10. Fink, Mitchell, and Lois Mathias. 2002. *Never Forget: An Oral History of September11, 2001* (New York: Harper Collins): 33.

11. Fink, Mitchell, and Lois Mathias. Ibid., 34.

12. Fink, Mitchell, and Lois Mathias. Ibid., 35.

13. Fink, Mitchell, and Lois Mathias. Ibid., 106.

14. Fink, Mitchell, and Lois Mathias. Ibid., 110–111.

15. Lipton, Eric, and William K. Rashbaum. 2004. "Kerik Withdraws as Bush's Nominee for Security Post." New York Times, December 11, A1, A15. Rashbaum, William K., and Jim Dwyer. 2004. "Citing Debacle Over Nomination, Kerik Quits Giuliani Partnership." New York Times December 23, A1, B10.

16. Hershberg, Eric, and Kevin W. Moore, eds. 2002. *Critical Views of September 11: Analyses from Around the World* (New York: The New Press).

17. *Der Spiegel*. 2001. *Inside 9–11: What Really Happened* (New York: St. Martin's Press): 48.

18. *Der Spiegel*. Ibid., 55.

19. *Der Spiegel*. Ibid., 108.

20. Murphy, Dean E. 2002. *September 11: An Oral History* (New York: Doubleday): 52–53.

21. Murphy, Dean E. Ibid., 110.

22. Murphy, Dean E. Ibid., 128.

23. Adler, Bill, and Bill Adler Jr., eds., 2002. *The Quotable Giuliani: The Mayor of America in His Own Words* (New York: Pocket Books): 9.

24. State. 2001. U.S. Department of State. International Information Programs. "Powell: 'A Terrible, Terrible Tragedy Has Befallen My Nation.'" www.usinfo.state.gov/topical/pol/terror/01091105.html.

25. State. 2002. U.S. Department of State. Office of the Coordinator for Counterterrorism. "Patterns of Global Terrorism 2001. "www.usis.usemb.se/terror/rpt2001/index.html.

26. Tilly, Charles.1995. "To Explain Political Processes." *American Journal of Sociology* 100: 1594–1610. 1996. "Invisible Elbow." *Sociological Forum* 11: 589–601.

27. Newman, Katherine S. 1988. *Falling From Grace: Downward Mobility in the Age of Affluence* (Berkeley: University of California Press): 77.

28. Hardin, Russell. 2002. "Street-Level Epistemology and Democratic Participation." Working Paper 2002/178 (Instituto Juan March de Estudios e Investigaciones, Madrid): 4.

29. 例如請參見 Glanz, James. 2004. "Reliving 9/11,With Fire as Teacher." *New York Times*, January 6 (Web edition).

30. Drew, Paul. 2003. "Precision and Exaggeration in Interaction." *American Sociological Review* 68: 917–

38.

31. Bashi Bobb, Vilna. 2001. "Neither Ignorance nor Bliss: Race, Racism, and the West Indian Immigrant Experience." In Héctor R. Cordero-Guzmán, Robert C. Smith and Ramón Grosfoguel, eds., *Migration, Transnationalization, and Race in a Changing New York* (Philadelphia: Temple University Press).

Burguière, André, and Raymond Grew, eds. 2002. *The Construction of Minorities: Cases for Comparison Across Time and Around the World*. (Ann Arbor: University of Michigan Press).

Fitch, Kristine L. 1998. *Speaking Relationally: Culture, Communication, and Interpersonal Connection* (New York: Guilford).

Gould, Roger V. 2003. *Collision of Wills: How Ambiguity about Social Rank*

Breeds Conflict (Chicago: University of Chicago Press).

Schwartz, Barry. 1975. *Queuing and Waiting: Studies in the Social Organization of Access and Delay* (Chicago: University of Chicago Press).

Scott, James C. 1990. *Domination and the Arts of Resistance: Hidden Transcripts* (New Haven: Yale University Press).

Tilly, Charles. 2001. "Relational Origins of Inequality." *Anthropological Theory* 1: 355–72.

32. Abbott, Andrew. 1988. *The System of Professions: An Essay on the Divisions of Expert Labor* (Chicago: University of Chicago Press).

Tilly, Charles. 1998. *Durable Inequality* (Berkeley: University of California Press): chapter 51.

Tilly, Chris, and Charles Tilly. 1998.*Work Under Capitalism* (Boulder, Colo.:Westview): chapter 2 and 3.

33. Broyard, Anatole. 1992. *Intoxicated by My Illness, and Other Writings on Life and Death* (New York: Clarkson Potter): 35.
34. Broyard, Anatole. Ibid.
35. Petroski, Henry. 1992. *To Engineer Is Human: The Role of Failure in Successful Design* (New York: Vintage. [1982]):1.
36. Rothman, David J. 1991. *Strangers at the Bedside: A History of How Law and Bioethics Transformed Medical Decision Making* (New York: Basic Books).

    亦請參見 Katz, Jay. 2002. *The Silent World of Doctor and Patient*. Baltimore: Johns Hopkins University Press (rev. ed. [1984]).
37. Cole, Steven A., and Julian Bird. 2000. *The Medical Interview: The Three-Function Approach*. (St. Louis: Mosby [2d ed]): 212.

第11章

1. Post, Peggy. 1997. *Emily Post's Etiquette*, 16th edition (New York: HarperCollins): 113.
2. Post, Peggy. Ibid., 142.
3. Post, Peggy. Ibid., 286.

4. Post, Peggy. Ibid.,356–57.

5. Goffman, Erving.1963. *Behavior in Public Places: Notes on the Social Organization of Gatherings* (New York: Free Press): 5.

6. Goffman, Erving. 1971. *Relations in Public: Microstudies of the Public Order* (New York: Basic Books): 130.

7. Goffman, Erving. 1981. *Forms of Talk* (Oxford: Blackwell).

8. Goffman, Erving. 1961. *Asylums: Essays on the Social Situation of Mental Patients and Other Inmates* (Garden City, N.Y.: Doubleday): 152.

9. Goffman. Ibid., 152–153.

10. Goffman, ibid. 154–155.

11. Edgerton, Robert B. 1967. *The Cloak of Competence: Stigma in the Lives of the Mentally Retarded* (Berkeley: University of California Press): 164.

12. Edgerton. Ibid., 166.

13. Zelizer, Viviana A. 2005. *The Purchase of Intimacy* (Princeton: Princeton University Press).

14. Katz, James E., and Mark Aakhus. 2002. "Preface and acknowledgments." In James E. Katz and Mark Aaakhus, eds., *Perpetual Contact: Mobile Communication, Private Talk, Public Performance* (Cambridge: Cambridge University Press): xx.

15. Moss, Philip, and Chris Tilly. 2001. *Stories Employers Tell: Race, Skill, and Hiring in America* (New

York: Russell Sage Foundation): 4.

16. Moss and Tilly. Ibid.,117.

17. Moss and Tilly. Ibid.,120.

18. Katz, Jay. 2002. *The SilentWorld of Doctor and Patient* (Baltimore: Johns Hopkins University Press [rev. ed. 1984]): 166–67.

19. Weber, Linda R., and Allison I. Carter. 2003. *The Social Construction of Trust* (New York: Kluwer/Plenum): 53.

20. Roth, Julius A. 1972. "Some Contingencies of the Moral Evaluation and Control of Clientele: The Case of the Hospital Emergency Service." *American Journal of Sociology* 77: 849.

21. Roth. Ibid., 854–55.

亦請參見 Schwartz, Barry. 1975. *Queuing andWaiting: Studies in the Social Organization of Access and Delay* (Chicago: University of Chicago Press): chapter 5.

22. Greenberg, Michael. 2004. "Freelance." *Times Literary Supplement*, December 10: 16.

23. Luker, Kristin. 1975. *Taking Chances: Abortion and the Decision Not to Contracept* (Berkeley: University of California Press): 132.

24. Luker. Ibid., 43.

25. Luker. Ibid., 44.

26. Goffman, Erving. 1974. *Frame Analysis: An Essay on the Organization of Experience* (New York:

Harper and Row).

27. Eden, Lynn. 2004. *Whole World on Fire: Organizations, Knowledge, and Nuclear Weapons Devastation* (Ithaca: Cornell University Press): 93–94.

28. Eden. Ibid., 199.

29. Eden. Ibid., 271–272.

30. Batcher, Robert T. 2004. “The Consequences of an Indo-Pakistani Nuclear War.” *International Studies Review* 6: 135–62.

第三章

1. Falwell, Jerry. 1997. *Falwell: An Autobiography* (Lynchburg, Va.: Liberty House Publishers): 312–313.
2. Falwell. Ibid., 317–18.
3. Falwell. Ibid., 315.
4. Falwell. Ibid., 320–321.
5. Falwell. Ibid., 321.
6. Harding, Susan Friend. 2000. *The Book of Jerry Falwell: Fundamentalist Language and Politics* (Princeton: Princeton University Press).
7. Swidler, Ann. 2001. *Talk of Love: How Culture Matters* (Chicago: University of Chicago Press): 114–15.

8. Abbott, H. Porter. 2002. The Cambridge Introduction to Narrative (Cambridge: Cambridge University Press):12.

9. Tilly, Charles. 1996. "Invisible Elbow." *Sociological Forum* 11: 589–601.

10. Atwood, Margaret. 1997. *Alias Grace* (New York: Anchor Books):298.

11. Franzosi, Roberto. 2004. *FromWords to Numbers: A Journey in the Methodology of Social Science* (Cambridge: Cambridge University Press).

12. McKeon, Richard, ed. 1941. *The Basic Works of Aristotle* (New York: Random House): 1465.

13. Frazier, Ian. 2004. "Bags in Trees: A Retrospective." *New Yorker*, January 12: 60–65.

14. 例・・McAdam, Doug. 1988. *Freedom Summer* (New York: Oxford University Press). Morris, Aldon. 1984. *The Origin of the Civil Rights Movement: Black Communities Organizing for Change*. New York: Free Press.

15. Polletta, Francesca. 1998: "'It Was Like a Fever...': Spontaneity and Identity in Collective Action." *Social Problems* 45: 137–59.

——. 1998. "Contending Stories: Narrative in Social Movements." *Qualitative Sociology* 21: 419–46.

——. 2002. *Freedom is an Endless Meeting: Democracy in American Social Movements* (Chicago: University of Chicago Press).

——. 2005. *It Was Like A Fever: Storytelling in Protest and Politics* (Chicago: University of Chicago Press).

Polletta, Francesca, and James M. Jasper. 2001. "Collective Identity and Social Movements." *Annual Review of Sociology* 27: 283–305.

16. Abell, Peter. 2004. "Narrative Explanation: An Alternative to Variable-Centered Explanation?" *Annual Review of Sociology* 30: 287–310.

17. McKeon, Richard, ed. 1941. *The Basic Works of Aristotle* (New York: Random House): 1449–50.

18. Kitty, Alexandra. 2003. "Appeals to Authority in Journalism." *Critical Review* 15: 347–57.

19. Cole, Steven A., and Julian Bird. 2000. *The Medical Interview: The Three-Function Approach* (St. Louis: Mosby [2d ed]): 36.

20. Maynard, Douglas W. 2003. *Bad News, Good News: Conversational Order in Everyday Talk and Clinical Settings* (Chicago: University of Chicago Press): 16–17.

21. Bronson, Po. 2002. *What Should I Do with My Life?* (New York: Random House): 362.

22. Bronson. Ibid., 131.

23. Bronson. Ibid., 131.

24. Bronson. Ibid., 134.

25. Plummer, Ken. 2001. "The Call of Life Stories in Ethnographic Research." In Paul Atkinson, Amanda Coffey, Sara Delamont, John Lofland, and Lyn Lofland, eds. *Handbook of Ethnography* (London: Sage).

26. Bertaux, Daniel, and Catherine Delcroix. 2000. "Case Histories of Families and Social Processes. Enriching Sociology." In Prue Chamberlayne, JoannaBornat, and Tom Wengraf, eds., *The Turn to*

Biographical Methods in Social Science: Comparative Issues and Examples (London: Routledge): 72–73.

27. Tilly, Charles. 2002. "Event Catalogs as Theories." *Sociological Theory* 20: 248–54.
28. 例如 Berger, Bennett M., ed. 1990. *Authors of Their Own Lives: Intellectual Autobiographies by Twenty American Sociologists* (Berkeley: University of California Press).
29. Horowitz, Irving Louis. 1977–1978. "Autobiography as the Presentation of Self for Social Immorality." *New Literary History* 9: 173–79.

    關於霍洛維茲針對自己童年在哈林區 (Harlem) 成長的戲劇化敘事，參見 Horowitz, Irving Louis. 1990. *Daydreams and Nightmares: Reflections on a Harlem Childhood* (Jackson: University Press of Mississippi).
30. Tilly, Charles. 1993. "Blanding In." *Sociological Forum* 8: 497–506.
31. Nora, Pierre, ed. 1987. *Essais d'e´go-histoire* (Paris: Gallimard): 5.
32. Nora. Ibid., 61.
33. Nora. Ibid., 109–10.
34. Samuel, Raphael. 1998. *Island Stories: Unravelling Britain.*(Edited by Alison Light with Sally Alexander and Gareth Stedman Jones, London: Verso).
35. Samuel. Ibid., 49.
36. Samuel, Raphael. 1981. *East End Underworld. 2: Chapters in the Life of Arthur Harding* (London:

Routledge and Kegan Paul): viii.

37. Samuel. Ibid., 77.

38. Samuel. Ibid., 78.

39. Samuel. Ibid., 117–18.

40. Samuel. Ibid., 80.

41. Samuel, Raphael. 1998. *Island Stories: Unravelling Britain* (Edited by Alison Light with Sally Alexander and Gareth Stedman Jones, London: Verso): xii.

42. Broyard, Anatole. 1992. *Intoxicated by My Illness, and Other Writings on Life and Death* (New York: Clarkson Potter): xii.

43. Broyard, ibid., 22–23.

44. Broyard, ibid., 26.

45. Maynard, Douglas W. 2003. *Bad News, Good News: Conversational Order in Everyday Talk and Clinical Settings* (Chicago: University of Chicago Press): 11.

46. Young, Robert Vaughn. 2001. “That Wilder Shore: Intoxicated with Anatole Broyard.” www.phoenix5.org/essaysry (copied January 6, 2004).

47. Tilly, Charles. 2004a. *Social Movements, 1768–2004* (Boulder, Colo.: Paradigm Press).

48. Newman, Katherine S. 1988. *Falling From Grace: Downward Mobility in the Age of Affluence* (Berkeley: University of California Press): 6–7.

第四章

1. Niles Foundation. 2002. "Laura J. Niles Foundation: Homepage." www.ljniles.org.

2. Niles Foundation. 2002. "Laura J. Niles Foundation: Biography." www.ljniles.org.

3. Fishkind, Russell J., Edward T. Kole, and M. Matthew Mannion. 2003. "Minimize Undue Influence Claims Through Proper Drafting and Execution of theWill." *New Jersey Law Journal*, May 26, from LexisNexis, April 17, 2004.

4. Niles Case. 2002. "In the Matter of the Trusts Created by Laura J. Niles." A–7/8 September Term 2002, Supreme Court of New Jersey, from LexisNexis, May 17, 2004.

5. 例如請參見 Besley, Timothy and Anne Case. 2003. "Political Institutions and Policy Choices: Evidence from the United States." *Journal of Economic Literature* 41: 7–73.

Campbell, John L. 2004. *Institutional Change and Globalizction* (Princeton: Princeton University Press).

Feige, Edgar L. 1997. "Underground Activity and Institutional Change: Productive, Protective, and Predatory Behavior in Transition Economies." In Joan M. Nelson, CharlesTilly, and LeeWalker, eds. *Transforming Post-Communist Political Economies* (Washington, D.C.: National Academy Press).

Kogut, Bruce. 1997. "Identity, Procedural Knowledge, and Institutions: Functional and Historical Explanations for Institutional Change." In Frieder Naschold, David Soskice, Bob Hancke, and Ulrich Jürgens, eds. *Ökonomische Leistungsfähigkeit und institutionelle Innovation. Das deutsche Produktions-und Politikregime im international Wettbewerb* (Berlin: Sigma).

Lieberman, Robert C. 2002. “Ideas, Institutions, and Political Order: Explaining Political Change.” *American Political Science Review* 96: 697–712.

North, Douglass C. 1997. “Understanding Economic Change.” In Joan M. Nelson, Charles Tilly, and Lee Walker, eds. *Transforming Post-Communist Political Economies* (Washington, D.C.: National Academy Press).

Scott, W. Richard. 1995. *Institutions and Organizations* (Thousand Oaks, Calif.: Sage).

Stinchcombe, Arthur L. 1997. “On the Virtues of the Old Institutionalism.” *Annual Review of Sociology* 23: 1–18.

6. March, James G., Martin Schulz, and Xueguang Zhou. 2000. *The Dynamics of Rules: Change in Written Organizational Codes* (Stanford: Stanford University Press): 167.

7. Noonan, John T. Jr. 2002. *Persons and Masks of the Law: Cardozo, Holmes, Jefferson, and Wythe as Makers of the Masks* (Berkeley: University of California Press [2d. ed. 1976]): 6.

8. Catelli Case: 3. 2003. “In the Matter of the Probate of the Last Will and Testament of Anna Villone Catelli.” 361 N.J. Super. 478; 825 A.2d 1209; 2003 N.J. Super. LEXIS 235, from LexisNexis, April 21, 2004.

9. Bosk, Charles L. 1980. “Occupational Rituals in Patient Management.” *New England Journal of Medicine* 303: 71–76.

Timmermans, Stefan, and Marc Berg. 1997. “Standardization in Action: Achieving Local Universality through Medical Protocols." *Social Studies of Science* 27: 273–305.

10. Cicourel, Aaron V. 2002. *Le raisonnement medical. Une approche socio-cognitive* (Paris: Editions du Seuil): 108–9.

根據 Cicourel, Aaron V. 1984. "Diagnostic Reasoning in Medicine: The Role of Clinical Discourse and Comprehension." (Unpublished paper, University of California, San Diego. 2002.) 確認我的譯文。

11. Cicourel. Ibid., 112–113.

12. Weinholtz, Donn, and Janine Edwards. 1992. *Teaching During Rounds: A Handbook for Attending Physicians and Residents* (Baltimore: Johns Hopkins University Press): 46–47.

13. Burton, John R. and Jesse Roth. 1999. "A New Format for Grand Rounds." *New England Journal of Medicine* 340: 1516.

14. Case, Christopher, and Ashok Balasubramanyam. 2002. "A Woman With Neck Pain and Blindness." *Medscape Diabetes and Endocrinology* 4, no. 1.

15. Rothman, David J. 1991. *Strangers at the Bedside: A History of How Law and Bioethics Transformed Medical Decision Making* (New York: Basic Books).

16. Nierengarten, Mary Beth. 2001. "Using Evidence-Based Medicine in Orthopaedic Clinical Practice: The Why, When, and How-To Approach." *Medscape Orthopaedics and Sports Medicine Journal* 5, no. 1: 2.

17. Berwick, Donald M. 2003. "Errors Today and Errors Tomorrow." *New England Journal of Medicine* 348: 2570–72.

18. Lawcopedia ['Lectric Law Library Lawcopedia's Law and Medicine]. 2004. "Medical Malpractice." www.lectlaw.com/tmed.html (copied May 5, 2004).

19. McCord Case. 2002. "Evans v. St. Mary's Hospital of Brooklyn." *New York Law Journal*, July 19, from LexisNexis, May 5, 2004: note 2.

20. McCord Case. Ibid., 2.

21. McCord Case. Ibid., 7.

22. Insurance Information Institute. 2004. "Medical Malpractice." III Insurance Issues Update (Web edition).

23. GAO [United States General Accounting Office]. 2003. *Medical Malpractice Insurance: Multiple Factors Have Contributed to Increased Premium Rates* (Washington, D.C.: U.S. Government Printing Office): 29–32.

24. GAO. Ibid., 38–39

25. New Jersey State Bar Association. 2003. "A resolution expressing the position of the New Jersey State Bar Association on medical malpractice reform." *New Jersey Law Journal*, May 19, from LexisNexis, April 30, 2004.

26. Lawcopedia ['Lectric Law Library Lawcopedia's Law and Medicine]. 2004. "Medical Malpractice." www.lectlaw.com/tmed.html (copied May 5, 2004).

27. GAO [United States General Accounting Office]. 2003. *Medical Malpractice Insurance: Multiple*

Factors Have Contributed to Increased Premium Rates (Washington, D.C.: U.S. Government Printing Office): 23.

28. Marjoribanks, Timothy, Mary-Jo Delvecchio Good, Ann G. Lawthers, and Lynn M. Peterson. 1996. "Physicians' Discourses on Malpractice and the Meaning of Medical Malpractice." *Journal of Health and Social Behavior* 37: 163–178.

Rothman, David J. 1991. *Strangers at the Bedside: A History of How Law and Bioethics Transformed Medical Decision Making* (New York: Basic Books).

29. Katz, Jack. 1999. *How Emotions Work* (Chicago: University of Chicago Press): 277.

30. Katz. Ibid., 279.

31. Katz. Ibid., 279.

32. Rosenbaum, Thane. 2004. *The Myth of Moral Justice: Why Our Legal System Fails to Do What's Right* (New York: HarperCollins): 16–17.

33. Rosenbaum. Ibid., 61.

34. Noonan, John T. Jr. 2002. *Persons and Masks of the Law: Cardozo, Holmes, Jefferson, and Wythe as Makers of the Masks* (Berkeley: University of California Press [2d. ed. 1976]).

35. Scott, James C. 1998. *Seeing Like a State: How Certain Schemes to Improve the Human Condition Have Failed* (New Haven: Yale University Press).

第五章

1. Roland, Alex. 1999. "Science, Technology, War, and the Military." In John Whiteclay Chambers II, ed. *The Oxford Companion to American Military History* (Oxford: Oxford University Press): 641.

2. Bruce, Robert V. 1993. "The Misfire of Civil War R&D." In John A. Lynn, ed., *Feeding Mars: Logistics in Western Warfare from the Middle Ages to the Present*. (Boulder, Colo.: Westview): 204.

3. NAS. 2004. National Academy of Sciences website, www.nationalacademies.org/about/history.html.

4. 關於我們委員會的活動例子，可參見 Tetlock, Philip E., Jo L. Husbands, Robert Jervis, Paul C. Stern, and Charles Tilly, eds. 1989. *Behavior, Society, and Nuclear War: Volume I* (New York: Oxford University Press).

5. 近期研究調查可參見 Barkan, Steven E., and Lynne L. Snowden. 2001. *Collective Violence* (Boston: Allyn and Bacon).

Burton, John W. 1997. *Violence Explained: The Sources of Conflict, Violence and Crime and Their Prevention* (Manchester: Manchester University Press).

González Callejo, Eduardo. 2002a. *La Violencia en la Política. Perspectivas teóricassobre el empleo deliberado de la fuerza en los conflictos de poder* (Madrid: Consejo de Investigaciones Científicas).

Heitmeyer, Wilhelm and John Hagan, eds. 2003. *International Handbook of Violence Research* (Dordrecht: Kluwer).

Jackman, Mary R. 2002. "Violence in Social Life." *Annual Review of Sociology* 28: 387–415.

Krug, Etienne G. et al. 2002. *World Report on Violence and Health* (Geneva: World Health Organization).

Mazower, Mark. 2002. "Violence and the State in the Twentieth Century." *American Historical Review* 107: 1158–1178.

Tilly, Charles. 2003. *The Politics of Collective Violence* (Cambridge: Cambridge University Press).

6. Reiss, Albert J. Jr., and Jeffrey A. Roth, eds. 1993. *Understanding and Preventing Violence* (Washington, D.C.: National Academy Press): xi.

7. Reiss and Roth. Ibid., 14.

8. Reiss and Roth. Ibid., 22.

9. Reiss and Roth. Ibid., 2.

10. Reiss and Roth. Ibid., 23–24.

11. Hardin, Garrett. 1968. "The Tragedy of the Commons." *Science* 162: 1244.

12. Hardin. Ibid., 1247.

13. Adams, William M., Dan Brockington, Jane Dyson, and Bhaskar Vira. 2003. "Managing Tragedies: Understanding Conflict over Common Pool Resources." *Science* 302: 1915—1916.

Dolšak, Nives, and Elinor Ostrom, eds. 2003. *The Commons in the New Millennium: Challenges and Adaptation* (Cambridge, Mass.: MIT Press).

Ostrom, Elinor. 1990. *Governing the Commons: The Evolution of Institutions for Collective Action* (Cambridge: Cambridge University Press).

Pretty, Jules. 2003. "Social Capital and the Collective Management of Resources." Science 302: 1912–1914.

14. Ostrom, Elinor, Thomas Dietz, Nives Dolšak, Paul C. Stern, Suisan Stonich and Elke Weber, eds. 2002. *The Drama of the Commons*. (Washington, D.C.: National Academy Press).

15. Ostrom et al. Ibid., 457.

16. Ostrom et al. Ibid., 459.

17. Ostrom et al. Ibid., 341.

18. Dietz, Thomas, Elinor Ostrom, and Paul C. Stern. 2003. "The Struggle to Govern the Commons." *Science* 302: 1907–12.

19. Ostrom, Elinor, Thomas Dietz, Nives Dolšak, Paul C. Stern, Suisan Stonich and Elke Weber, eds. 2002. *The Drama of the Commons*. (Washington, D.C.: National Academy Press): 205.

20. Reaka-Kudla, Marjorie L., Don E. Wilson, and Edward O. Wilson, eds. 1997. *Biodiversity II: Understanding and Protecting Our Biological Resources* (Washington, D.C.: Joseph Henry Press): 1.

21. Reaka-Kudla, Wilson, and Wilson. Ibid., 394.

22. Sugden, Andrew, Richard Stone and Caroline Ash, eds. 2004. "Ecology in the Underworld." *Science* 304: 1613–37.

23. Young, I. M., and J.W. Crawford. 2004. "Interactions and Self-Organization in the Soil-Microbe Complex." *Science*. 304: 1634–37.

24. Pasternak, Charles. 2003. *Quest: The Essence of Humanity* (New York: John Wiley): 1.
25. Pasternak. Ibid., 69.
26. Cavalli-Sforza, Luigi Luca. 2000. *Genes, Peoples, and Languages* (New York: North Point Press): 15.
27. Diamond, Jared. 1992. *The Third Chimpanzee: The Evolution and Future of the Human Animal*. New York: HarperCollins.
28. Diamond, Jared. 1998. *Guns, Germs, and Steel: The Fates of Human Societies* (New York: Norton): 20–21.
29. Diamond. Ibid., 400–401.
30. Diamond. Ibid., 411–417.

第六章

1. Salisbury, Harrison E. 1964. "An Introduction to the Warren Commission Report." In *Report of the Warren Commission on the Assassination of President Kennedy* (New York: New York Times): xvii.
2. Eisenhower Commission. 1969. *To Establish Justice, to Insure Domestic Tranquility: Final Report of the National Commission on the Causes and Prevention of Violence* (Washington, D.C.: U.S. Government Printing Office).
3. Tilly, Charles. 1969. "Collective Violence in European Perspective." In Hugh D. Graham and Ted R. Gurr, eds. *Violence in America: Volume I* (Washington, D.C.: U.S. Government Printing Office).

4. Eisenhower Commission. 1969. *To Establish Justice, to Insure Domestic Tranquility: Final Report of the National Commission on the Causes and Prevention of Violence* (Washington, D.C.: U.S. Government Printing Office): xix-xxx.
5. 9/11. 2003. National Commission on Terrorist Attacks Upon the United States, Public Hearing, Monday, March 31, 2003. www.9–11commission.gov/archive/hearing/9–11Commission_Hearing_2003–03–31.html, viewed July 12, 2004.
6. 9/11. Ibid., 4.
7. Stolberg, Sheryl Gay. 2004. "9/11Widows Skillfully Applied the Power of a Question: Why?" *New York Times* (Web edition).
亦請參見 Dwyer, Jim. 2004. "Families Forced a Rare Look at Government Secrecy." New York Times, July 22, A18.
8. Kleinberg, Mindy. 2003. "Statement of Mindy Kleinberg to the National Commission on Terrorist Attacks Upon the United States, March 31, 2003." www.9–11commission.gov/hearings/hearing1/witness_kleinberg.html, viewed November 10, 2003.
9. Jehl, Douglas, and Eric Lichtblau. 2004. "Review at C.I.A. and Justice Brings No 9/11 Punishment." *New York Times*, September 14, A18.
10. Shenon, Philip. 2004. "9/11 Families Group Rebukes Bush for Impasse on Overhaul." *New York Times* November 28, A20.

11. Waizer, Harry. 2003. "Statement of Harry Waizer to the National Commission on Terrorist Attacks Upon the United States, March 31, 2003." www.9–11commission.gov/hearings/hearing1/witness_waizer.html, viewed 11/10/03.

12. Waizer. Ibid., 3.

13. Ranstorp, Magnus. 2003. "Statement of Magnus Ranstorp to the National Commission on Terrorist Attacks Upon the United States, March 31, 2003." www.9–11commission.gov/hearings/hearing1/witness_ranstorp.html.

14. Ranstorp. Ibid., 2–3.

15. 例如請參見 Futrell, Robert, and Barbara G. Brents. 2003. "Protest as Terrorism: The Potential for Violent Anti-Nuclear Activism." *American Behavioral Scientist* 46: 745–765.

González Callejo, Eduardo. 2002. *El terrorismo en Europa* (Madrid: Arco/Libros).

Kushner, Harvey W., ed. 2001. "Terrorism in the 21st Century." *American Behavioral Scientist* 44, no. 6.

Pape, Robert A. 2003. "The Strategic Logic of Suicide Terrorism." *American Political Science Review* 97: 343–361.

Schmid, Alex P., ed. 2001. *Countering Terrorism Through International Cooperation* (Milan: International Scientific and Professional Advisory Council of the United Nations Crime Prevention and Criminal Justice Programme).

Senechal de la Roche, Roberta, ed. 2004. "Theories of Terrorism: A Symposium." *Sociological Theory*

22: 1–105.

Smelser, Neil J. and Faith Mitchell. 2002a. *Terrorism: Perspectives from the Behavioral and Social Sciences* (Washington, D.C.: National Academies Press).

——. 2002. *Discouraging Terrorism: Some Implications of 9/11* (Washington, D.C.: National Academies Press).

Turk, Austin T. 2004. "Sociology of Terrorism." *Annual Review of Sociology* 30: 271–286.

16. Tilly, Charles. 2002. "Violence, Terror, and Politics as Usual." *Boston Review* 27, nos. 3–4: 21–24.

——. 2003. "Political Identities in Changing Polities." *Social Research* 70: 1301–15.

——. 2004. "Terror, Terrorism, Terrorists." *Sociological Theory* 22: 5–13.

17. Stern, Jessica. 2003. *Terror in the Name of God: Why Religious Militants Kill* (New York: Harper-Collins): xiv.

18. Stern. Ibid., xx.

19. Stern. Ibid., 22–24.

20. Stern. Ibid., 250.

21. Stern. Ibid., 235.

22. Stern. Ibid., 236.

23. Tilly, Charles. 1999. "The Trouble with Stories." In Ronald Aminzade and Bernice Pescosolido, eds., *The Social Worlds of Higher Education: Handbook for Teaching in a New Century* (Thousand Oaks,

Calif.: Pine Forge Press).

24. Hoerder, Dirk. 2002. *Cultures in Contact: World Migrations in the Second Millennium* (Durham: Duke University Press).

Tilly, Charles. 2000. "Chain Migration and Opportunity Hoarding." In Janina W. Dacyl and Charles Westin, eds., *Governance of Cultural Diversity* (Stockholm: Centre for Research in International Migration and Ethnic Relations).

25. Gaddis, John Lewis. 2002. *The Landscape of History: How Historians Map the Past* (Oxford: Oxford University Press).

Van de Mieroop, Marc. 1999. *Cuneiform Texts and theWriting of History* (London: Routledge).

國家圖書館出版品預行編目資料

人為什麼要找理由？21世紀社會學之父的理由學，推動人際關係建立與修復的祕密／查爾斯．蒂利著;林怡婷譯.——初版一刷.——臺北市：三民，2023
面；　公分.——（Vision+）
譯自：Why? What happens when people give reasons...and why
ISBN 978-957-14-7585-1（平裝）
1. 社會學

540　　111019375

VISION+

人為什麼要找理由？

21 世紀社會學之父的理由學，推動人際關係建立與修復的祕密

作　　者｜查爾斯．蒂利
譯　　者｜林怡婷
責任編輯｜林妍欣　翁英傑
美術編輯｜陳祖馨

發 行 人｜劉振強
出 版 者｜三民書局股份有限公司
地　　址｜臺北市復興北路 386 號 (復北門市)
臺北市重慶南路一段 61 號 (重南門市)
電　　話｜(02)25006600
網　　址｜三民網路書店 https://www.sanmin.com.tw

出版日期｜初版一刷 2023 年 1 月
書籍編號｜S541560
I S B N｜978-957-14-7585-1

三民書局